ATÉ ONDE VOCÊ VAI?

ATÉ ONDE
VOCÊ VAI?

John C. Maxwell

Até onde você vai?

*COMO A ATITUDE CORRETA
DETERMINA O SUCESSO*

Tradução
Lucília Marques

Thomas Nelson
BRASIL®
Rio de Janeiro, 2019

Título original: *How High Will You Climb? Determine Your Success
By Cultivating The Right Attitude*

Copyright © 2014 John C. Maxwell
Edição original Thomas Nelson, Inc. Todos os direitos reservados.
Copyright da tradução © Vida Melhor Editora S.A., 2014.

PUBLISHER	*Omar de Souza*
EDITORES	*Aldo Menezes e Samuel Coto*
PRODUÇÃO	*Thalita Ramalho*
PRODUÇÃO EDITORIAL	*Daniel Borges*
TRADUÇÃO	*Lucília Marques*
REVISÃO DE TRADUÇÃO	*Thayane Assumpção*
PRODUÇÃO EDITORIAL	*Daniel Borges*
REVISÃO	*Luiz A. Werneck Maia*
CAPA	*Maquinaria Studio*
DIAGRAMAÇÃO	*DTPhoenix Editorial*

As citações bíblicas foram retiradas da *Nova Versão Internacional* (NVI),
exceto quando especificado.

CIP-Brasil. Catalogação na publicação
Sindicato Nacional dos Editores de Livros, RJ

M419a   Maxwell, John C., 1947-
          Até onde você vai?: como a atitude correta determina o sucesso /
John C. Maxwell; [tradução Lucília Marques Pereira da Silva]. – 1. ed. –
Rio de Janeiro: Thomas Nelson Brasil, 2014.
176 p.

Tradução de: How high will you climb?: determine your success by
cultivating the right attitude
Guia de estudo; Notas
ISBN 978.85.7860.685-5

1. Atitude (Psicologia). 2. Sucesso. 3. Sucesso nos negócios. I. Título.

                                                                                                CDD: 650.1
14-16168   CDU: 65.011.4

Thomas Nelson Brasil é uma marca licenciada à Vida Melhor Editora S.A.
Todos os direitos reservados à Vida Melhor Editora S.A.
Rua da Quitanda, 86, sala 218 – Centro – 20091-005
Rio de Janeiro – RJ – Brasil
Tel.: (21) 3175-1030
www.thomasnelson.com.br

A habilidade é o que você tem capacidade de fazer.
A motivação determina o que você efetivamente faz.
A atitude dita a eficiência com que você faz.

Lou holtz
Ex-treinador do time de futebol de Notre Dame.

*Este livro é dedicado ao dr. Tom Phillippe,
meu amigo, colaborador no evangelho
e um exemplo do que significa
viver com a atitude certa.*

SUMÁRIO

Agradecimentos 11

I. VAMOS PENSAR SOBRE SUA ATITUDE

1. É um pássaro... É um avião... Não, é uma atitude! 15
2. Atitude: o que é isso? 20
3. Atitude: por que ela é importante? 26

II. A CONSTRUÇÃO DE SUA ATITUDE

4. É difícil voar alto como as águias quando se vive com os perus 43
5. Princípios fundamentais da construção da atitude 46
6. Materiais usados na construção de uma atitude 50
7. O pior erro que se pode cometer na construção de uma atitude..65

III. QUANDO SUA ATITUDE SOFRE UM DESASTRE

8. *Mayday! Mayday!* Minha atitude está perdendo altitude 71
9. O desastre que vem de dentro...78
10. O desastre que vem de fora..91

IV. MUDANDO SUA ATITUDE

11. Para o alto e avante! 109
12. A decisão é sua 113
13. As oportunidades estão à sua volta 129
14. O Deus que está acima de nós 138

Canais de mudança 147
Notas 150
Guia de estudo 152

AGRADECIMENTOS

Meus agradecimentos por este livro vão, em primeiro lugar, para meus pais, Melvin e Laura Maxwell, por terem construído um lar marcado por atitudes salutares para a vida. Desde o dia em que nasci estive cercado de atitudes positivas, que são mais aprendidas por meio do exemplo do que ensinadas com palavras.

Recebi várias sugestões excelentes de minha esposa, Margaret, e nossos filhos, Elizabeth e Joel Porter, me deram muitas ilustrações. A família Maxwell está tentando viver segundo os princípios expostos neste livro.

Também gostaria de agradecer a ajuda de meus antigos colaboradores na Skyline Wesleyan Church. Suas ideias, perguntas e sugestões foram a melhor parte de muitas de nossas reuniões às terças-feiras. Quero agradecer de um modo especial a Barbara Brumagin, minha assistente administrativa na época, que me auxiliou neste projeto até o fim.

Meu muito obrigado a Paul Nanney por sua amizade e pelas extraordinárias experiências de voo que tanto enriqueceram este livro.

Parte I
Vamos pensar sobre sua atitude

1
É UM PÁSSARO...
É UM AVIÃO...
NÃO, É UMA ATITUDE!

O dia estava lindo em San Diego, e meu amigo Paul quis me levar para dar uma volta em seu avião. Como fazia pouco tempo que eu me mudara para o sul da Califórnia, resolvi conhecer nosso novo lar de uma perspectiva diferente. Enquanto nos acomodávamos na cabine, Paul completava a checagem dos instrumentos. Depois de verificar que tudo funcionava perfeitamente, ele acelerou a rotação dos motores e então partimos da cabeceira da pista. Durante a decolagem, notei que o nariz estava mais alto que o resto do avião. Notei também que, embora a paisagem fosse sensacional, Paul olhava constantemente para o painel de controle.

Como não sou piloto, decidi aproveitar o passeio para aprender alguma coisa.

— Todos esses aparelhinhos — comecei, — o que eles mostram? Notei que você olha para aquele instrumento ali mais do que para os outros. O que é aquilo?

— É o indicador de atitude — respondeu ele.

— Como é que um avião pode ter atitude?

— Atitude é o termo que se usa na aviação para a posição da aeronave em relação ao horizonte.

Minha curiosidade estava aumentando, e pedi que ele explicasse melhor.

— Quando a aeronave está subindo — disse ele, — ela tem uma atitude para cima, porque o nariz do avião está apontado acima do horizonte.

— Então — interrompi, — quando o avião está mergulhando a atitude é nariz para baixo.

— É isso aí — continuou meu instrutor. — Os pilotos estão sempre de olho na atitude do avião porque ela indica seu desempenho.

Ele fez uma demonstração pondo o avião em uma atitude de nariz para cima. Como era de se esperar, a aeronave começou a subir e a velocidade diminuiu. Ele mudou de atitude, e o desempenho também mudou.

Paul encerrou a aula, dizendo:

— Como a atitude do avião determina seu desempenho, os instrutores hoje em dia ensinam o "voo por atitude".

Aquela conversa me fez começar a pensar nas atitudes das pessoas. Será que a atitude de um indivíduo determina seu desempenho? Será que existe um "indicador de atitude" que meça constantemente sua perspectiva e suas realizações na vida? O que acontece quando a atitude de alguém o está levando a resultados indesejados? Como se pode mudar de atitude? E, quando ocorre uma mudança de atitude, quais são seus reflexos nas outras pessoas?

Paul tinha um manual de instruções sobre "Voo por atitude", que é a relação entre a atitude da aeronave e o seu desempenho. Nós também recebemos um manual que nos ensina a viver por atitude: a Bíblia.

Escrevendo à igreja de Filipos, o apóstolo Paulo apresentou àqueles cristãos um indicador de atitude: "Seja a atitude de vocês a mesma de Cristo Jesus" (Filipenses 2:5).

Cristo é o nosso modelo perfeito. Seu padrão de excelência não tem o objetivo de nos desanimar, mas sim o de revelar áreas da nossa vida que precisam ser aperfeiçoadas. Sempre que estudo Filipenses 2:3-8, sou lembrado das qualidades de atitude sadia que Jesus possuía.

ELE ERA ALTRUÍSTA. "Nada façam por ambição egoísta ou por vaidade, mas humildemente considerem os outros superiores a si mesmos. Cada um cuide, não somente dos seus interesses, mas também dos interesses dos outros" (vv. 3-4).

ELE ERA CONFIANTE. "[Jesus] embora sendo Deus, não considerou que o ser igual a Deus era algo a que devia apegar-se; mas esvaziou-se a si mesmo, vindo a ser servo, tornando-se semelhante aos homens" (vv. 6-7).

ELE ERA SUBMISSO. "E, sendo encontrado em forma humana, humilhou-se a si mesmo e foi obediente até à morte, e morte de cruz" (v. 8).

Paulo diz que essas qualidades se manifestaram na vida de Cristo por causa de sua atitude (v. 5). Ele diz também que podemos tê-la em nossas vidas igualmente. Temos um exemplo de atitude cristã que podemos visualizar e somos incentivados a segui-lo.

Paulo afirma, em Romanos 12:1-2:

> Irmãos, rogo-lhes pelas misericórdias de Deus que se ofereçam em sacrifício vivo, santo e agradável a Deus; *este* é o culto racional de vocês. Não se amoldem ao padrão deste mundo, mas transformem-se [Como?] pela *renovação da sua mente*, para que sejam capazes de experimentar e comprovar a boa, agradável e perfeita vontade de Deus (ênfases e acréscimo do autor).

O resultado da renovação da mente ou da mudança de atitude é a capacidade de experimentar e cumprir a vontade de Deus. Mais uma vez, vemos que a atitude dita o desempenho. Certa vez, preguei uma mensagem baseada em Salmos 34, intitulada "Como enfrentar o medo". Davi estava sozinho, amedrontado e frustrado dentro de uma caverna, cercado de inimigos, quando escreveu a mensagem consoladora daquele salmo. O início do poema revela ao leitor a razão por trás do sucesso de Davi, mesmo quando cercado de problemas.

O TRÍPLICE PROCESSO DE LOUVOR DE DAVI

1. *O louvor começa com a vontade (v. 1).*
"Bendirei o SENHOR o tempo todo! Os meus lábios sempre o louvarão."
A atitude de Davi reflete uma determinação de se regozijar em qualquer circunstância.

2. *O louvor gera as emoções (v. 2).*
"Minha alma se gloriará no SENHOR." Agora Davi está louvando o Senhor não só porque é certo, mas também porque sente o desejo de fazê-lo.

3. *O louvor contagia os outros (vv. 2-3).*
"Ouçam os oprimidos e se alegrem. Proclamem a grandeza do SENHOR comigo; juntos exaltemos o seu nome." Davi demonstra que o desempenho desejado — o louvor — começa com uma atitude de determinação em alcançá-lo. A conclusão do salmo registra o triunfo de Davi: "O SENHOR redime a vida dos seus servos; ninguém que nele se refugia será condenado" (v. 22).

Viver por atitude, assim como voar por atitude, é dizer: "Minha atitude dita meu desempenho." O cenário que se abre diante de nós é uma área grande demais para ser abrangida em um único livro. Teremos que analisar:

- O que é uma atitude e por que ela é importante?
- Quais são os elementos necessários para uma atitude de alto desempenho?

- O que faz com que uma atitude se torne negativa, desapontadora?
- Como podemos fazer com que uma atitude negativa e contraproducente passe a trabalhar a nosso favor?

Durante nossa jornada, vamos descobrir os indicadores de atitude revelados em personagens descritos na Bíblia — o melhor manual sobre desempenho por atitude disponível, visto que Deus o entregou a nós. É claro que o livro que você tem em mãos não pretende ser a última palavra sobre um assunto tão importante. Espero, porém, ajudar as pessoas que entendem a importância da atitude a compreender melhor sua dinâmica. Oro para que este trabalho seja útil àqueles que desejam mudar.

Aplicação

Antes de prosseguir, pare um pouco e faça estas perguntas a si mesmo:

1) Tenho verificado minha atitude ultimamente?

2) Como eu avaliaria a minha atitude?

    Nunca esteve melhor ☐   Nariz para cima ☐
    Nunca esteve pior ☐   Nariz para baixo ☐

3) Que aspecto da minha vida funciona como indicador de atitude (algo que reflete minha perspectiva)?

2
ATITUDE: O QUE É ISSO?

O time de basquete em que eu jogava na época do Ensino Médio não estava indo nada bem, e um dia o treinador convocou uma daquelas reuniões em que todos os jogadores ficam calados, só ouvindo. O treinador sempre enfatizava a relação entre a atitude do time e os resultados na quadra. Ainda me lembro das palavras dele: "Pessoal, a habilidade que vocês têm diz 'vitória', mas a atitude diz 'derrota'."

Os pais de uma criança foram chamados à escola por causa do seu comportamento. Qual era o problema? Timmy, um garoto de dez anos de idade, estava com notas baixas e arrumando briga com os colegas. Seus testes de aptidão mostravam que ele era intelectualmente capaz, porém suas notas eram horríveis. A professora insinuou que talvez fosse um problema de "atitude negativa".

Em uma reunião da equipe pastoral, o nome de uma das irmãs é mencionado constantemente, em referência à sua "atitude notável".

Dificilmente passa-se um dia sem que a palavra *atitude* apareça em uma conversa. Ela tanto pode estar em uma crítica quanto em um elogio. Ela pode ser a diferença entre uma promoção e uma demissão. Algumas vezes, nós a percebemos; outras, a vemos. Ainda assim é um conceito difícil de explicar.

A atitude é um sentimento que se manifesta por meio de um comportamento. É por isso que se pode ver uma atitude sem que nenhuma palavra seja dita. Por exemplo, será que todos nós já não vimos a "tromba" de um mal-humorado ou a expressão firme de uma pessoa determinada? De tudo o que mostramos aos outros, nossas expressões faciais são o mais importante.

A Bíblia nos ensina que "o Senhor não vê como o homem: o homem vê a aparência, mas o Senhor vê o coração" (1Samuel 16:7). E também: "O coração é mais enganoso que qualquer outra coisa e sua doença é incurável. Quem é capaz de compreendê-lo?" (Jeremias 17:9). Essas afirmações expressam nossa incapacidade de saber com certeza as emoções que estão guardadas no coração de outra pessoa. Mas, embora evitemos julgar os outros por sua linguagem corporal, muitas vezes as ações são uma "janela da alma". Uma pessoa que "fuzila" outra com o olhar provavelmente não está cantando mentalmente: "Algo bom vai acontecer, algo bom Deus tem para nós."

O texto de Atos 20 narra que Paulo chegou a Mileto e mandou chamar os presbíteros de Éfeso. Eles foram encontrá-lo e ouviram seu discurso de despedida. O futuro era incerto, e seu líder declarou: "Agora, compelido pelo Espírito, estou indo para Jerusalém, sem saber o que me acontecerá ali, senão que, em todas as cidades, o Espírito Santo me avisa que prisões e sofrimentos me esperam" (vv. 22-23).

Paulo exortou aqueles líderes a cuidarem da obra que ele havia iniciado. Em seu coração, eles estavam cheios de compaixão pelo homem que os havia discipulado. Sua atitude de amor traduziu-se em uma tocante demonstração de afeição: "Tendo dito isso, ajoelhou-se com todos eles e orou. Todos choraram muito e, abraçando-o, o beijavam. O que mais os entristeceu foi a declaração de que nunca mais veriam a sua face. Então o acompanharam até o navio" (vv. 36-38).

Como a atitude geralmente transparece na linguagem corporal e na expressão facial, ela pode ser contagiante. Você já notou o que acontece em um grupo de pessoas quando a expressão no rosto de uma delas revela uma atitude negativa? Ou já notou como nos sentimos animados quando chega um amigo com uma expressão de carinho e aceitação no rosto?

A música e a presença de Davi reanimavam o atormentado rei Saul. A Bíblia diz que "o Espírito do SENHOR se retirou de Saul, e um espírito maligno, vindo da parte do SENHOR, o atormentava" (1Samuel 16:14). Os servos de Saul receberam ordem para procurar alguém que pudesse levantar o ânimo do rei. Eles levaram Davi ao palácio e "Saul gostou muito dele [...]. Então Saul enviou a seguinte mensagem a Jessé: 'Deixe que Davi continue trabalhando para mim, pois estou satisfeito com ele.' E sempre que o espírito mandado por Deus se apoderava de Saul, Davi apanhava sua harpa e tocava. Então Saul sentia alívio e melhorava, e o espírito maligno o deixava" (vv. 21-23).

Às vezes, a atitude pode ser mascarada exteriormente, e as pessoas que nos veem são enganadas. Mas, geralmente, a dissimulação não se sustenta por muito tempo. Dentro de nós, a atitude fica procurando uma brecha para se manifestar.

Meu pai gosta de contar a história de um menino de quatro anos que passou o dia fazendo um monte de travessuras. Depois de lhe dar uma bronca, a mãe disse: "Vai sentar naquela cadeira agora!" O menino foi, sentou-se e disse: "Mamãe, por fora eu estou sentado; mas por dentro ainda estou em pé."

Você já disse isso para Deus? Todos nós passamos por conflitos internos semelhantes aos que Paulo descreveu na Carta aos Romanos:

> O que faço não é o bem que desejo, mas o mal que não quero fazer, esse eu continuo fazendo. [...] Vejo outra lei atuando

nos membros do meu corpo, guerreando contra a lei da minha mente, tornando-me prisioneiro da lei do pecado que atua em meus membros. Miserável homem eu que sou! Quem me libertará do corpo sujeito a esta morte? Graças a Deus por Jesus Cristo, nosso Senhor! De modo que, com a mente, eu próprio sou escravo da lei de Deus; mas, com a carne, da lei do pecado.

Romanos 7:19,23-25 parece familiar para você? Toda vez que um cristão sincero me pede para ajudá-lo em sua caminhada espiritual, eu sempre falo sobre obediência. A simplicidade daquele famoso hino de John H. Sammis, "Crer e observar", aponta para a importância que a atitude de obediência tem em nosso crescimento espiritual.

Em Jesus confiar, sua lei observar;
Oh! que gozo, que benção, que paz!
Satisfeitos guardar tudo quanto ordenar
Alegria perene nos traz.

Crer e observar tudo quanto ordenar.
O fiel obedece ao que Cristo mandar![1]

Durante um período de renovação congregacional na Skyline Wesleyan Church, onde sou o pastor presidente, meu coração foi tocado por estas palavras de Maria, mãe de Jesus: "Façam tudo o que ele [Jesus] lhes mandar." Compartilhei com a congregação estas ideias sobre obediência, extraídas da narrativa do milagre de Jesus na festa de casamento em Caná (ver João 2:1-8).

Faça tudo o que Jesus mandar, mesmo que:

1. *Você não esteja no "lugar certo" (v. 2).*
   Eles estavam em um casamento, não em uma igreja, quando Jesus realizou o milagre. Encontraremos algu-

mas das maiores bênçãos de Deus em "outros lugares", se formos obedientes a ele.

2. *Você tenha um monte de problemas (v. 3).*

Eles tinham ficado sem vinho. Muitas vezes, nossos problemas nos afastam de Jesus, em vez de nos aproximarem dele. A renovação cristã começa quando nos concentramos no poder de Deus, e não nos nossos problemas.

3. *Você não receba nenhum tipo de encorajamento (v. 4).*

Jesus disse aos que estavam na festa de casamento: "A minha hora ainda não chegou." Em vez de desanimar por causa daquelas palavras, Maria se agarrou à possibilidade de um milagre.

4. *Você não esteja andando com ele há muito tempo (v. 5).*

Os servos que obedeceram a Jesus tinham acabado de conhecê-lo, e os discípulos estavam começando a segui-lo, mas esperava-se que todos lhe obedecessem.

5. *Você nunca o tenha visto operar milagres em sua vida.*

Aquele foi o primeiro milagre de nosso Senhor. As pessoas que estavam ali naquele momento tinham que obedecer-lhe sem que houvesse nenhum registro prévio de milagres.

6. *Você não entenda todo o processo.*

Podemos extrair dessa história bíblica uma definição de obediência: ouvir as palavras de Jesus e fazer a sua vontade. A obediência interior produz crescimento exterior.

O psicólogo e filósofo James Allen diz: "Não se pode viajar por dentro e ficar parado por fora."[2] Cedo ou tarde, o que está acontecendo dentro de nós afeta o que acontece do lado de fora. Uma atitude endurecida é uma doença terrível. Ela produz uma mente fechada e um futuro sombrio. Quando a atitude é positiva e propícia ao crescimento, a mente se expande e começa o progresso.

O que é uma atitude?

Ela é a vanguarda do nosso verdadeiro eu.
Suas raízes são internas, mas seu fruto aparece exteriormente.
Pode ser nossa melhor amiga ou nossa pior inimiga.
É mais sincera e coerente do que as nossas palavras.
É uma forma de encarar o mundo exterior, a partir de experiências passadas.
É algo que atrai as pessoas ou as afasta de nós.
Não sossega enquanto não se expressa.
É a bibliotecária do nosso passado.
É a porta-voz do nosso presente.
É a profetisa do nosso futuro.

Aplicação

Escolha um amigo e avalie a atitude dele diante da vida. Escreva uma lista de palavras que definam sua atitude. Qual é o desempenho esperado de seu amigo, baseado em sua atitude? Agora faça a mesma coisa em relação a si mesmo.

3
ATITUDE: POR QUE ELA É IMPORTANTE?

Vivemos em um mundo de palavras. Elas têm significados que produzem diversas reações em nós. Palavras como *felicidade, aceitação, paz* e *sucesso* descrevem o que todos nós desejamos. Mas existe uma palavra que pode aumentar a possibilidade de nossos desejos serem realizados ou impedir que eles se tornem realidade dentro de nós.

Certa vez, em uma conferência na Carolina do Sul, fiz a seguinte experiência: para revelar a importância dessa palavra, li o parágrafo anterior e perguntei: "Qual é a palavra que irá determinar o nosso nível de felicidade, paz, aceitação e sucesso?" As pessoas presentes na plateia começaram a dizer palavras como *trabalho, educação, dinheiro* e *tempo*. Finalmente alguém disse *atitude*. Uma palavra importantíssima na nossa vida; mas, mesmo assim, as pessoas demoraram para pensar nela. Nossa atitude é a principal força que determina se vamos ter sucesso ou fracassar.

Para algumas pessoas a atitude representa uma dificuldade em cada oportunidade; para outras, representa uma oportunidade em cada dificuldade. Algumas crescem com uma atitude positiva, enquanto outras afundam com uma perspectiva negativa. O próprio fato de a atitude "criar alguns" e "destruir outros" é justificativa suficiente para explorarmos sua importância. O estudo dos principais aspectos listados neste capítulo irá esclarecer essa verdade.

Verdade da atitude nº 1:
Ela determina o modo como encaramos a vida

A história dos dois baldes ilustra essa verdade. Um balde era otimista; o outro, pessimista.

— Nunca houve uma vida tão frustrante como a minha — disse o balde vazio, ao se aproximar do poço. — Eu nunca saio do poço tão cheio que não volte depois vazio.

— Nunca houve uma vida mais feliz do que a minha — disse o balde cheio, ao sair do poço. — Eu nunca chego ao poço tão vazio que não saia cheio depois.

Nossa atitude nos diz o que esperamos da vida. Se nossos narizes estão apontados pra cima, estamos decolando. Mas, se estão apontados para baixo, estamos à beira de um desastre.

Uma das maneiras válidas de testar sua atitude é responder a esta pergunta: você acha que o mundo está lhe tratando bem? Se sua atitude em relação ao mundo é excelente, você receberá um resultado excelente. Se sua atitude para com o mundo está dentro da média, a resposta que receberá do mundo também estará dentro da média. Se sua opinião é de que o mundo o trata mal, então parecerá que tudo em sua vida dá errado. Olhe em volta. Analise as conversas das pessoas infelizes e sem realizações. Você verá que estão reclamando o tempo todo de uma sociedade que parece estar perseguindo-as para lhes trazer problemas e má sorte. Muitas vezes, essas pessoas construíram com suas próprias mãos a prisão de descontentamento em que vivem.

O mundo não se importa se nos libertamos dessa prisão ou não. Para ele é indiferente. O fato de adotarmos uma atitude positiva e sadia em relação à vida nem de longe afeta a sociedade da mesma maneira que afeta a nós mesmos. A mudança não pode vir dos outros. Tem que partir de nós.

O apóstolo Paulo teve que superar uma história de vida terrível. Ele disse a Timóteo que era o pior dos pecadores (ver 1Timóteo 1:15). Mas, após sua conversão, foi contagiado por um desejo de conhecer melhor a Cristo. Como ele satisfez esse desejo? Não foi esperando que alguém o ajudasse, nem olhando para trás e se queixando de seu passado terrível. Paulo, diligentemente, tomou uma decisão: "Prossigo para alcançá-lo" (Filipenses 3:12). Seu firme propósito de alcançar esse objetivo fez com que afirmasse: "Uma coisa faço: esquecendo-me das coisas que ficaram para trás e avançando para as que estão adiante, prossigo para o alvo, a fim de ganhar o prêmio do chamado celestial de Deus em Cristo Jesus" (Filipenses 3:13-14).

Todos nós somos individualmente responsáveis por nossa visão da vida. A Bíblia diz: "O que o homem semear, isso também colherá" (Gálatas 6:7). Nossa atitude e nossas ações em relação à vida ajudam a determinar o que nos acontece.

Não podemos organizar todas as situações de modo que se encaixem perfeitamente em nossa vida. Porém, é possível fazê-lo com nossas atitudes, corrigindo-as para que se adaptem. O apóstolo Paulo demonstrou essa verdade de forma extraordinária quando esteve preso em Roma. Certamente, ele não havia "tirado a sorte grande". A atmosfera de sua cela era escura e fria. Contudo, ele escreveu à igreja de Filipos, declarando: "Alegrem-se *sempre* no Senhor. Novamente direi: alegrem-se!" (Filipenses 4:4). Será que Paulo havia perdido o juízo? Não. O segredo encontra-se mais adiante, no mesmo capítulo, quando ele diz, nos versículos 11-12:

Não estou dizendo isso porque esteja necessitado, pois *aprendi* a adaptar-me a toda e qualquer circunstância. Sei o que é passar necessidade e sei o que é ter fartura. *Aprendi* o segredo de viver contente em toda e qualquer situação, seja bem alimentado, seja com fome, tendo muito, ou passando necessidade.

A habilidade de ajustar sua atitude às circunstâncias em que se encontrava foi um comportamento que Paulo desenvolveu. Ele não surgiu automaticamente; foi aprendido, e a perspectiva positiva tornou-se natural. O apóstolo nos ensina com sua própria vida que o homem ajuda a criar seu ambiente — mental, emocional, físico e espiritual — por meio da postura que adota.

Aplicação

Faça um círculo em volta do número que mais se aproxima de sua atitude em relação à vida:

1. "Para o mundo, pois eu quero descer."
2. "Só está chovendo em mim."
3. "Eu faço o meu destino."
4. "Ah! Que dia lindo!"

VERDADE DA ATITUDE Nº 2:
ELA DETERMINA COMO NOS
RELACIONAMOS COM AS OUTRAS PESSOAS

A Regra de Ouro ensinada por Jesus é: "Em tudo, façam aos outros o que vocês querem que eles lhes façam" (Mateus 7:12).

Esse axioma assume uma importância ainda maior quando, como cristãos, percebemos que o ministério eficiente se baseia nos relacionamentos.

O modelo de ministério está exemplificado da melhor maneira possível no capítulo 13 do Evangelho de João. Cristo e seus discípulos estão reunidos no cenáculo.

Os componentes do modelo de ministério de Cristo são:

1. indivíduos com quem ele havia compartilhado todas as áreas de sua vida;
2. uma atitude e demonstração de serviço;
3. um domínio absoluto do amor relacional ("Com isso todos saberão que vocês são meus discípulos" [João 13:35]).

Todo ministério efetivo que envolva relacionamentos com outras pessoas precisa incluir esses três componentes bíblicos. Nenhuma metodologia (pregação, aconselhamento ou visitação) conseguirá ministrar a todas as necessidades o tempo inteiro. É preciso uma combinação equilibrada de muitos métodos para atender às necessidades das pessoas. A ponte entre o remédio do evangelho e as necessidades humanas é a liderança baseada no relacionamento.

A passagem de João 10:3-5 nos dá uma visão da liderança relacional:

1. relacionamento ao ponto de *reconhecimento* instantâneo (Jesus chama suas ovelhas pelo nome);
2. relacionamento baseado na *confiança* (as ovelhas ouvem sua voz e vão para junto dele);
3. liderança baseada no *exemplo* (ele vai adiante delas e elas o seguem).

Entretanto, é difícil estabelecer um relacionamento como esse. As pessoas são engraçadas. No ônibus, elas querem um lugar na frente; na igreja, um no fundo; e na estrada, um no meio. Diga a um homem que existem 300 bilhões de estrelas, e ele acreditará. Diga a ele que o banco acabou de ser pintado, e ele colocará o dedo para ver se é verdade.

O *Stanford Research Institute* (*www.sri.com*) diz que o lucro que se obtém em qualquer empreendimento depende 12,5% de conhecimento. Os outros 87,5% dependem da habilidade de lidar com as pessoas. Foi por isso que Teddy Roosevelt disse: "O ingrediente mais importante da fórmula do sucesso é saber como lidar com as pessoas."

Quando nossa atitude põe os outros em primeiro lugar, e nós os consideramos importantes, nossa perspectiva refletirá o ponto de vista dessas pessoas, não o nosso. Enquanto não nos colocarmos no lugar das outras pessoas e virmos o mundo como elas veem, seremos como o homem que desceu do carro com raiva, depois de bater em outro, e disse: "Por que vocês não olham por onde andam? Esse já é o quarto carro em que bato hoje!"

Anos atrás, eu estava viajando pelo sul dos Estados Unidos e parei em um posto de gasolina para abastecer. Estava chovendo, mas os frentistas se desdobravam para atender os clientes. Fiquei impressionado com o tratamento de primeira classe que recebi ali, e rapidamente entendi a razão quando li o cartaz na porta da frente do posto:

Por que os clientes não voltam?

1% morrem
3% se mudam
5% fazem outras amizades
9% preferem a concorrência
14% ficam insatisfeitos com o produto
MAS...
68% não voltam por causa de uma atitude de indiferença de algum funcionário.

Em outras palavras 68% não voltam porque os funcionários não têm uma mentalidade voltada para a satisfação do cliente.

Normalmente, as pessoas que progridem em uma organização têm uma boa atitude. Não são as promoções que dão a ela uma atitude extraordinária, mas é sua atitude extraordinária que resulta em promoções. Um estudo realizado pela *Telemetrics International* analisou o perfil daqueles "caras legais" que tinham subido dentro da empresa. Foram estudados 16 mil executivos. Observe a diferença entre os executivos definidos como "vencedores" (aqueles que geralmente têm uma atitude sadia) e os "estagnados" (aqueles que geralmente têm uma atitude negativa):

Os vencedores geralmente se importavam com as pessoas, bem como com os lucros; os estagnados se preocupavam com sua própria segurança.

Os vencedores viam os subordinados de uma forma otimista; os estagnados geralmente não confiavam nas habilidades dos subordinados.

Os vencedores pediam a opinião dos subordinados; os estagnados não.

Os vencedores eram ouvintes; os estagnados evitavam a comunicação e confiavam apenas nos manuais da política da empresa.

Aplicação

DESAFIO: Durante uma semana, trate toda pessoa que você encontrar, sem exceção, como se fosse a última pessoa da terra. Você verá que elas o tratarão da mesma forma.

Verdade da atitude nº 3:
ela, muitas vezes, é a única diferença entre o sucesso e o fracasso

As maiores realizações da história foram alcançadas por pessoas que se destacaram apenas um pouco mais do que as outras em suas atividades. Poderíamos chamar isso de princípio da ligeira vantagem. Muitas vezes, essa ligeira vantagem era a atitude.

Um professor do seminário de Princeton descobriu que o espírito de otimismo realmente faz a diferença. Ele pesquisou o perfil dos grandes pregadores dos séculos passados e percebeu as tremendas diferenças de personalidade entre eles. Então, ele se fez esta pergunta: "O que todos esses pregadores extraordinários têm em comum, além da fé?" Após muitos anos de pesquisa, descobriu a resposta. Era a sua alegria. Na maioria dos casos, eles eram homens felizes.

Aplicação

Existe pouquíssima diferença entre as pessoas, mas essa pequena diferença tem um efeito muito grande. Essa diferença é a atitude. Pense em algo que você deseje. Que atitude você precisa ter para conseguir alcançar esse objetivo?

Verdade da atitude nº 4:
ela, ao iniciarmos uma tarefa, irá afetar o resultado mais do que qualquer outro fator

Os treinadores sabem a importância de os times terem a atitude correta antes de enfrentarem um adversário difícil. Os cirurgiões querem ver seus pacientes mentalmente preparados antes da cirurgia. Os desempregados sabem que seus possíveis empregadores estão procurando mais do que simples habilidades nas entrevistas de emprego. Por quê? Porque a atitude certa no início garante o sucesso no final. Você conhece o ditado "Tudo é bom quando acaba bem"? Uma frase igualmente verdadeira é "Tudo é bom quando começa bem".

Um dos princípios-chave que sempre ensinei durante conferências de evangelismo é o da importância da nossa atitude quando damos nosso testemunho. Muitas vezes, o que ofende as pessoas é o modo como apresentamos o evangelho, e não o evangelho em si. Duas pessoas podem dizer a mesma coisa a um indivíduo, mas ter resultados diferentes. Por quê? Geralmente a diferença é a atitude da pessoa que fala. Na maioria das vezes, quem é ansioso diz a si mesmo: "As pessoas estão sedentas do evangelho e desejam uma mudança positiva em sua vida." Já a testemunha relutante diz: "As pessoas não estão interessadas em coisas espirituais e não querem ser incomodadas." Essas duas atitudes não só determinam o número de tentativas de testemunho que a pessoa fará (adivinhe quem vai testemunhar mais vezes?), mas também os resultados que alcançarão, se ambos compartilharem a mesma fé.

A maioria dos projetos fracassa ou tem sucesso antes mesmo de começar.

Um jovem alpinista e um guia experiente estavam subindo um pico na cordilheira californiana. Certa manhã, bem cedo, o jovem acordou com um barulho muito forte de algo se quebrando.

Ele achou que o fim do mundo tinha chegado. O guia respondeu: "Não é o fim do mundo, apenas o amanhecer de um novo dia". Quando o sol começava a subir no horizonte, ele aquecia o gelo, fazendo-o derreter e causando aquele som.

Muitas vezes caímos no erro de ver nossos desafios futuros como o anoitecer da vida, em vez de a alvorada de grandes e novas oportunidades.

Aplicação

Ponha no papel um projeto que você deixou de lado por causa de uma atitude negativa. Leia a verdade 4 várias vezes e depois faça uma lista dos possíveis benefícios que poderiam ser obtidos com a realização do seu projeto. Lembre-se: "Tudo é bom quando começa bem." Suba o nível de sua atitude!

Verdade da Atitude nº 5:
Ela pode transformar os problemas em bênçãos

Em *Awake, My Heart* [Acorde, meu coração — em tradução livre], meu amigo J. Sidlow Baxter escreve: "Qual é a diferença entre um obstáculo e uma oportunidade? A diferença é a nossa atitude em relação a ele. Toda oportunidade tem uma dificuldade e toda dificuldade traz em si uma oportunidade."[1]

Quando uma pessoa que tem uma atitude extremamente positiva se vê diante de uma situação difícil, ela procura tirar o máximo de proveito da situação, embora as dificuldades sejam grandes. Podemos comparar a vida com uma pedra de moinho. Ela vai nos triturar ou polir, dependendo apenas do material de que somos feitos.

Poucas pessoas conheciam Abraham Lincoln antes que o grande peso da Guerra Civil revelasse o seu caráter. *Robinson Crusoé* foi escrito na prisão. John Bunyan escreveu *O Peregrino* na cadeia de Bedford. Sir Walter Raleigh escreveu *A história do mundo* durante o período de 13 anos que passou na cadeia. Lutero traduziu a Bíblia para a língua alemã enquanto estava confinado no castelo de Wartburg. Beethoven estava praticamente surdo e tomado de tristeza quando compôs suas maiores obras.

Quando Deus quer ensinar uma lição ao homem, ele não o manda para a escola das graças, mas sim para a escola da necessidade. O caminho que José trilhou até o trono passou antes pelo poço e pela masmorra. Moisés cuidou de ovelhas no deserto antes que Deus o chamasse para guiar seu povo. Pedro, humilhado e abatido depois de ter negado a Cristo, recebeu a ordem: "Apascenta as minhas ovelhas."

Grandes líderes surgem nos tempos de crise. Na vida de pessoas de sucesso, problemas terríveis as forçam a encontrar uma solução diferente do lugar comum. Elas não apenas encontram as respostas, mas descobrem um poder tremendo dentro de si mesmas. Assim como um terremoto no fundo do oceano, a quilômetros da costa, essa força interior explode em uma onda poderosa quando as circunstâncias parecem esmagadoras. É nesse momento que surge o atleta, o escritor, o estadista, o cientista ou o homem de negócios. David Sarnoff afirmou: "Existe bastante segurança no cemitério; eu estou à procura de oportunidades."

Aplicação

Escreva dois problemas que você esteja enfrentando atualmente. Ao lado de cada um, escreva o modo como você está reagindo a ele. Suas reações são negativas? Sua tarefa: descubra pelo menos três possíveis benefícios de cada um desses problemas. Agora, ataque-os, concentrando-se nesses benefícios, e não nas barreiras.

Verdade da atitude nº 6:
ELA PODE NOS DAR UMA PERSPECTIVA POSITIVA SINGULAR

Essa perspectiva, por sua vez, nos permite realizar feitos igualmente singulares. Tenho observado com atenção as abordagens e os resultados diferentes que uma pessoa com pensamento positivo obtém em relação a outra cheia de medo e apreensão.

Um exemplo: quando Golias investiu contra os israelitas, todos os soldados pensaram: "Ele é tão grande que nunca vamos conseguir matá-lo." Davi olhou para o mesmo gigante e pensou: "Ele é tão grande que não tem como eu errar a pedrada."

O presidente do Instituto Bíblico Moody, George Sweeting, em seu sermão intitulado "A atitude faz a diferença", conta a história de um escocês que era muito diligente no trabalho e esperava que todos os seus subordinados também fossem assim. Os funcionários, o provocavam:

— Scotty, você não sabe que Roma não foi feita em um dia?

E ele respondia:

— Sim, eu sei disso. Mas o encarregado daquela obra não era eu.

Pessoas cuja atitude faz com que encarem a vida de uma perspectiva inteiramente positiva nem sempre são compreendidas pelas outras. Elas são o que alguns chamam de "pessoas sem limite". Em outras palavras, elas não aceitam as limitações normais da vida como a maioria das pessoas. Elas não estão dispostas a aceitar algo só porque os outros aceitam. A reação delas diante de condições autolimitantes provavelmente seria a pergunta "por quê?", em vez de um "tudo bem". Elas têm limitações na vida. Seus dons não são assim tão extraordinários a ponto de elas não falharem ou cometerem erros. Mas elas estão determinadas a dar o máximo do seu potencial ou do potencial de um projeto antes de aceitarem uma derrota.

Essa maneira de pensar permite que se comece cada dia com uma disposição positiva, como na história do ascensorista que, numa manhã de segunda-feira, com o elevador lotado, começa a cantarolar uma melodia. Um dos passageiros se sente particularmente incomodado com o seu estado de espírito e pergunta: "Por que você está tão feliz?" E o ascensorista responde, alegremente: "Bem, senhor, eu nunca vivi este dia antes!"

Não é só o futuro que parece maravilhoso quando temos a atitude certa, mas o presente também se torna muito mais agradável. A pessoa positiva entende que empreender a jornada é algo tão prazeroso quanto chegar ao destino.

Aplicação

Pense um pouco sobre as limitações que você e seus amigos aceitam hoje. Para cada uma delas, faça a pergunta "por quê?".

Exemplo: "Por que eu escolhi um estacionamento distante sem primeiro procurar um mais próximo?" Cada vez que se perguntar "por quê", diga a si mesmo, mentalmente, que, de agora em diante, vai ser uma "pessoa sem limites".

VERDADE DA ATITUDE Nº 7:
ELA NÃO É AUTOMATICAMENTE BOA
SÓ PORQUE SOMOS CRISTÃOS

É interessante notar que os sete pecados capitais (orgulho, cobiça, luxúria, inveja, ira, gula e preguiça) são todos uma questão de atitude, espírito interior e motivos. Infelizmente, muitos cristãos carnais carregam problemas em sua alma. Eles são como o irmão do filho pródigo, achando que fazem tudo certo. Na parábola do filho pródigo, o filho mais velho escolheu ficar em casa com o pai. Ele não ia gastar seu tempo catando comida de porcos. Porém, quando o irmão mais novo voltou para casa, algumas das atitudes erradas do irmão mais velho começaram a aflorar.

Em primeiro lugar, veio um sentimento de mérito próprio. O irmão mais velho estava no campo fazendo seu trabalho, mas ficou furioso quando a festa começou em casa. Ele não ficou com raiva porque não gostava de festa. Eu sei que ele gostava, porque se queixou de que o pai nunca havia feito uma para ele!

Depois veio um sentimento de autopiedade. Ele disse:

> Olha! todos esses anos tenho trabalhado como um escravo ao teu serviço e nunca desobedeci às tuas ordens. Mas tu nunca me deste nem um cabrito para eu festejar com os meus amigos. Mas quando volta para casa esse seu filho, que esbanjou os teus bens com as prostitutas, matas o novilho gordo para ele!
>
> Lucas 15:29-30

Muitas vezes não prestamos atenção ao verdadeiro significado da parábola do filho pródigo. Nós não percebemos que a história não mostra apenas um, mas dois pródigos. O irmão mais novo é culpado dos pecados da carne, enquanto o mais velho é culpado dos pecados do espírito (atitude). Quando a parábola termina, é o mais velho — o segundo pródigo — que está fora da casa do pai.

Esse "irmão mais velho" adota uma atitude que tem três resultados possíveis, e nenhum deles é positivo.

Em primeiro lugar, é possível ocupar a posição e ter os privilégios de filho e, ao mesmo tempo, recusar as obrigações de irmão. O filho mais velho, exteriormente, era uma pessoa correta, consciente, trabalhadora e diligente, mas sua atitude era errada. Observe também que sua atitude errada em relação ao irmão levou a um desgaste no relacionamento com o pai (v. 28).

Em segundo lugar, é possível servir ao Pai celestial fielmente e, ainda assim, não ter comunhão com ele. Um relacionamento correto geralmente compartilha os mesmos interesses e prioridades. Porém, o filho mais velho da história não fazia ideia do motivo pelo qual seu pai estava feliz com a volta de seu irmão.

Em terceiro lugar, é possível ser herdeiro de todos os bens do nosso Pai e, ainda assim, ter menos alegria e liberdade do que alguém que não tem nada. Os servos da parábola estavam mais felizes do que o filho. Eles comeram, se divertiram e dançaram, enquanto o filho mais velho ficou do lado de fora, exigindo seus direitos.

Uma atitude errada deixou o filho mais velho longe do desejo do coração de seu pai, do amor de seu irmão e da alegria dos servos. Atitudes erradas na nossa vida bloqueiam as bênçãos de Deus e fazem com que vivamos abaixo do potencial divino para a nossa vida.

Aplicação

Quando nossa atitude começa a nos corroer por dentro, como a daquele irmão mais velho, devemos nos lembrar de duas coisas:

1. Nosso privilégio: "Filho, tu sempre estás comigo" (v. 31a).
2. Nossos bens: "Todas as minhas coisas são tuas" (v. 31b).

Reserve um tempo para fazer uma lista de seus privilégios e bens em Cristo. Como nós somos ricos!

Parte II
A construção de sua atitude

4
É DIFÍCIL VOAR ALTO COMO AS ÁGUIAS QUANDO SE VIVE COM OS PERUS

O ambiente em que vivemos influencia a altitude que atingimos na subida. Pensamento de peru + conversa de peru = andar de peru. Nós nos misturamos facilmente às cores da paisagem. Semelhanças no pensamento, maneirismos, prioridades, conversa e opiniões são muito comuns dentro de culturas individuais. Todos nós conhecemos casais que vão ficando cada vez mais parecidos à medida que os anos passam. Muitas vezes, membros da mesma família apresentam características físicas semelhantes. Não há dúvida de que o ambiente em que vivemos também ajuda a construir nossas atitudes.

A palavra *escolha* surge no extremo oposto do ambiente, quando se trata da construção da atitude. Falando de forma mais lógica do que emocional, a voz dessa palavra diz: "Somos livres para escolher nossas atitudes." Essa lógica se torna ainda mais convincente na boca de Victor Frankl, sobrevivente de um campo de concentração nazista, que disse: "A última das liberdades humanas é escolher que atitude tomar em *qualquer* conjunto de circunstâncias."

Durante a infância, nossas atitudes são determinadas principalmente pelas circunstâncias. Um bebê não escolhe a família ou o ambiente em que nasce, mas, à medida que sua idade vai aumentando, suas opções também aumentam.

Algum tempo atrás, ministrei um seminário sobre liderança em Columbus, Ohio. Falei por um dia inteiro sobre a importância das atitudes e sobre o fato de que muitas vezes são elas que fazem a diferença na nossa vida. Durante um dos intervalos, um homem me contou a seguinte história:

> Desde que me entendo por gente, não lembro de ter recebido nenhum elogio ou incentivo do meu pai. O pai dele também achava que homem que é homem não demonstra afeto nem apreço. Meu avô era um perfeccionista que trabalhava duro e esperava que todos os outros fizessem o mesmo, sem necessidade de reforço positivo. E como ele não era nem positivo nem comunicativo, havia uma grande rotatividade de empregados.
>
> Por causa da educação que recebi, incentivar a família sempre foi difícil para mim. Esta atitude crítica e negativa tem dificultado o meu trabalho. Eu criei cinco filhos e levei uma vida cristã diante deles. Infelizmente, eles têm mais facilidade de reconhecer meu amor por Deus do que meu amor por eles. Estão todos carentes de incentivo. O pior é que eles assimilaram essa má atitude característica, e agora eu os vejo passando-a para meus queridos netos.
>
> Nunca estive tão consciente de que podemos "pegar uma atitude" no ambiente em que vivemos. Hoje entendo que essa atitude errada foi passada adiante durante quatro gerações. Está na hora de dar um basta nisso! Hoje tomei uma decisão consciente de mudar. Sei que uma coisa assim não acontece da noite para o dia, mas vai acontecer. Não vai ser fácil, mas vou conseguir!

Essa história mostra tanto as condições que moldam nossa maneira de pensar quanto nossa liberdade de escolher fazer algo para mudar. Os dois fatores têm um papel vital na construção da nossa atitude. Nenhum deles pode ser apontado como o único responsável pela formação da nossa maneira de encarar a vida.

Aplicação

Faça uma lista das condições que tiveram influência positiva e negativa em sua vida (isto é, em uma determinada situação, você escolheu ver o lado bom do que estava acontecendo ou encarou a situação com bom humor?).

Condição		Escolha	
Positiva	Negativa	Positiva	Negativa

5
PRINCÍPIOS FUNDAMENTAIS DA CONSTRUÇÃO DA ATITUDE

Antes de entrarmos na discussão dos elementos específicos que ajudam a construir atitudes, precisamos entender alguns princípios básicos envolvidos na sua formação.

1. Os primeiros anos de uma criança são os mais importantes para transmitir as atitudes corretas.

Os especialistas em educação infantil geralmente concordam que o desenvolvimento de uma criança em um ambiente positivo é um dos principais fatores que determinam seu sucesso no futuro. As atitudes que absorvemos na infância são normalmente aquelas que adotaremos na idade adulta. É difícil nos afastarmos daquilo que aprendemos quando pequenos. Provérbios 22:6 diz: "Instrua a criança segundo os objetivos que você tem para ela, e mesmo com o passar dos anos não se desviará deles." Por quê? Porque os sentimentos e as atitudes que formamos cedo na vida tornam-se parte de nós; nos sentimos à vontade com eles, ainda que sejam errados. E mesmo que nossas atitudes nos incomodem, elas são difíceis de mudar.

2. Uma atitude nunca para de crescer.

Nossas atitudes são formadas por nossas experiências e pelo modo como reagimos a elas. Portanto, enquanto vivermos, estaremos formando, modificando ou reforçando atitudes. Esse negócio de atitude imutável não existe. Nós somos como aquela garotinha a quem a professora da escola dominical perguntou:

— Quem fez você?

E ela respondeu:

— Bem, Deus fez uma parte de mim.

— Como assim, Deus fez parte de você? — perguntou a professora, surpresa.

— Bem, Deus me fez pequenininha, e o resto eu cresci sozinha.

Quanta verdade há nisso! As atitudes formadas na nossa infância não permanecem necessariamente as mesmas ao longo dos anos. Muitas vezes, casamentos passam por "águas profundas" porque a atitude de um dos cônjuges muda. Algumas pessoas até se separam e se casam novamente em idade madura por causa de uma mudança de atitude.

3. Quanto maior o tempo em que nossa atitude se desenvolve sobre o mesmo alicerce, mais consolidada ela se torna.

O reforço de nossas atitudes básicas, sejam positivas, sejam negativas, faz com que elas se tornem mais fortes. Meu pai percebeu essa verdade quando assumiu o compromisso de reler seus livros sobre pensamento positivo. Uma das práticas que ele utilizava para desenvolver sua atitude mental era escrever um pensamento positivo em uma ficha pautada 3x5 e lê-lo várias vezes ao longo do dia. Perdi a conta do número de vezes em que o vi parar o que estava fazendo por uns 15 segundos para ler uma frase positiva. Decidi adotar o mesmo hábito e descobri que, quanto mais reforço minha mente com leituras valiosas, mais eu me fortaleço.

4. Muitos construtores (especialistas) ajudam a formar nossas atitudes em determinados momentos da vida.

Quando construímos uma casa, precisamos de certos profissionais especializados para que o trabalho seja feito. O tempo que eles gastam ali pode ser mínimo, e sua contribuição, pequena. Contudo, eles têm um papel importante na construção da casa. Da mesma forma, há certas pessoas que entram na nossa vida em determinados momentos para ajudar a formar ou a transformar nossa perspectiva.

5. Não existe atitude perfeita.

Em outras palavras, todos nós temos atitudes que precisam de reformulação. Quando meu amigo Paul estava me ensinando sobre aviões, ele me disse: "Uma aeronave não foi feita para não precisar aplanar." *Aplanar* significa "nivelar no voo". Os aviões precisam ser constantemente ajustados para que voem corretamente. Isso vale para as nossas atitudes também. As correntes de ar da vida nos tiram do prumo e tentam nos impedir de atingir nossos objetivos. Uma súbita alteração nas condições meteorológicas faz com que seja necessário tomar uma outra direção ou adotar uma estratégia diferente. Nossas atitudes precisam ser ajustadas toda vez que passamos por grandes mudanças na vida.

Todos passamos por tempestades que ameaçam derrubar nossa atitude mental. O segredo para chegarmos ao nosso destino em segurança é corrigir nossa perspectiva o tempo todo.

Aplicação

Nossa atitude não permanece estagnada ao longo dos anos. Um balão meio cheio está cheio de ar, mas não até o máximo de sua capacidade. Um elástico é capaz de prender um objeto, mas só se estiver esticado. Você está enfrentando alguma situação em que é necessário esticar sua atitude? Você está se ajustando? Escreva qual você acha que será a próxima "tempestade" que terá de enfrentar. Agora, planeje a estratégia que irá usar para combater uma possível reação negativa diante dessa situação.

6

MATERIAIS USADOS NA CONSTRUÇÃO DE UMA ATITUDE

Como você provavelmente já percebeu, as atitudes não se formam automaticamente e não são moldadas em um vácuo. Este capítulo trata das principais influências que fizeram com que nossas atitudes fossem o que são hoje. Embora esses "materiais" (listados a seguir, em ordem cronológica) se sobreponham, sua influência é maior em determinadas épocas do que em outras.

Personalidade/Temperamento

NASCIMENTO: *Ambiente*
1-6 ANOS: *Expressão oral*
Aceitação/afirmação por parte dos adultos
7-10 ANOS: *Autoimagem*
Exposição a novas experiências
11-21 ANOS: *Associação com amigos e colegas*
Aparência física
22-61 ANOS: *Casamento, família, emprego*
Sucesso
Adaptações
Avaliação da vida

Todos esses fatores têm papel importante na nossa vida e não podem, na verdade, ser separados por faixa etária. Como expliquei anteriormente, cada um deles tem uma influência maior em determinadas fases da vida.

Aplicação

Pense um pouco sobre os materiais usados na construção de suas atitudes. Escreva suas respostas.

Personalidade/Temperamento: Nasci com uma personalidade _____. Isso afetou minha atitude quando _____.

Ambiente: Quando criança, o ambiente em que eu vivia era geralmente (a) seguro (b) instável (c) intimidador.

Expressão oral: Procure lembrar de alguma situação em que alguém lhe disse uma coisa positiva ou negativa que tenha afetado sua atitude. Explique e comente as circunstâncias.

_____
_____
_____
_____

Aceitação/Afirmação por parte dos adultos: Desde que me lembro me senti (a) aceito (b) rejeitado por meus pais.

Autoimagem: Assinale o número que melhor define sua autoimagem na escala que vai de PÉSSIMA (1) a EXCELENTE (5)

AUTOIMAGEM	PÉSSIMA			EXCELENTE	
Minha autoimagem quando criança era:	1	2	3	4	5
Minha autoimagem como adulto é:	1	2	3	4	5

Exposição a novas experiências: Descreva uma experiência positiva e outra negativa que ajudaram a construir sua atitude atual.

_____

_____

Associação com amigos e colegas: _____ foi a primeira pessoa que teve uma influência marcante na minha vida. Atualmente, _____ é a mais importante e a que mais afeta minha atitude.

Aparência física: O que mais lhe agrada em sua aparência física? O que você gostaria de mudar? Por quê?

_____

_____

Casamento, família, emprego: (Essas três áreas de sua vida podem ter uma influência muito grande na determinação de sua atitude.) Qual área me afeta positivamente? Alguma delas me afeta negativamente? O que vou fazer a respeito das influências negativas?

_____

_____

_____

Sucesso: Sucesso é:

_____

Sou um sucesso aos olhos daqueles que mais me amam?

_____

Adaptações físicas e emocionais: Descreva três situações difíceis às quais você teve que se adaptar nos últimos cinco anos.

_____

_____

_____

Essas adaptações provocaram mudanças em sua atitude? Quais?

_____

Avaliação da vida: Até agora, sua vida tem sido (a) satisfatória (b) insatisfatória. A vida começa quando:

_____

Agora que você fez essa análise de como sua postura diante da vida foi afetada durante as várias fases de seu desenvolvimento, vamos examinar cada um dos materiais específicos que formam as nossas atitudes.

PERSONALIDADE — QUEM EU SOU

Não existem duas pessoas iguais. Até mesmo dois irmãos, filhos dos mesmos pais, criados no mesmo ambiente e educados da mesma maneira são totalmente diferentes um do outro. Essas diferenças é que dão sabor à vida. Assim como acontece com as casas de um conjunto habitacional, que parecem todas iguais, se todas as pessoas tivessem personalidades semelhantes, nossa jornada nessa vida seria maçante.

Cada personalidade vem acompanhada de um conjunto de atitudes. Geralmente pessoas com certos temperamentos desenvolvem atitudes específicas que são comuns àquele temperamento. Há alguns anos, o pastor e conselheiro Tim LaHaye nos fez perceber a existência de quatro temperamentos básicos.[1] Tenho observado que pessoas, com o que ele chama de personalidade colérica, geralmente exibem atitudes de perseverança e agressividade. Uma pessoa sanguínea, geralmente é positiva e sempre vê o lado bom da vida. O introspectivo melancólico pode ser negativo, enquanto o fleumático diz: "O que vem fácil, vai fácil." A personalidade de um indivíduo é composta de uma mistura desses temperamentos, e esses exemplos têm exceções. No entanto, o temperamento segue um padrão que pode ser identificado por meio das atitudes de uma pessoa.

Ambiente — o que está à minha volta

Acredito que o ambiente seja um fator muito mais importante no desenvolvimento da nossa atitude do que a personalidade ou outras características herdadas. Antes que Margaret e eu começássemos a nossa família, decidimos que iríamos adotar nossos filhos. Nós queríamos que uma criança que normalmente não teria os benefícios de um lar amoroso tivesse a oportunidade de viver nesse ambiente. Embora nossos filhos possam não ser fisicamente parecidos conosco, eles certamente foram moldados pelo ambiente em que nós os criamos.

O ambiente é o primeiro fator que influencia o nosso sistema de crenças. Portanto, o alicerce da nossa atitude está no ambiente em que nascemos. O ambiente se torna ainda mais importante quando percebemos que *as atitudes desenvolvidas no início são as mais difíceis de mudar*. Por isso ficamos assustados quando pensamos em trazer uma criança a este mundo, diante de tudo o que vemos na sociedade.

Um cristão não deveria ter uma ideia tão negativa a respeito da sociedade. Com Jesus, a vida se torna extraordinária! Saber disso nos dá esperança em qualquer ambiente. O apóstolo Pedro disse que a misericórdia de Cristo nos regenerou para uma "esperança viva" (1Pedro 1:3).

Contudo, a idade e a fé cristã não nos tornam imunes às influências do ambiente em que vivemos. Fui pastor da Faith Memorial Church [Igreja Memorial da Fé] em Lancaster, Ohio, por mais de sete anos. Lembro que, no ano de 1978, a região central de Ohio teve um recorde de neve e tempo frio. Durante mais de trinta dias, a temperatura não passou de zero. As pessoas, trancadas em casa durante dias, começaram a sentir claustrofobia. O resultado disso foi um surto de depressão. Eu passava em média trinta horas por semana aconselhando pessoas que estavam lutando contra atitudes negativas por causa do mau tempo. Até mesmo o tempo pode "congelar nossas asas" e nos fazer perder altitude por causa de uma atitude negativa.

Expressão oral — o que ouço

"Paus e pedras podem quebrar meus ossos, mas palavras jamais me atingirão!"

Não acredite nisso! Na verdade, depois que os machucados desaparecem e que a dor física passa, permanece a dor interior causada por palavras ferinas. Durante uma reunião pastoral em Skyline, pedi aos pastores assistentes e aos chefes de departamento que levantassem a mão caso tivessem tido alguma experiência na infância que os havia magoado muito por causa das palavras de alguém. Todos levantaram a mão.

Um pastor lembrou-se de um dia em que estava sentado numa roda de leitura na escola. Quando chegou sua vez de ler, ele pronunciou errado a palavra *fotografia*. A professora o corrigiu e a turma toda caiu na risada. Ele ainda lembra disso, quarenta anos depois. Um resultado positivo daquela experiência foi que Chuck decidiu que, daquele dia em diante, sempre iria pronunciar corretamente as palavras. Hoje em dia, ele é um orador sensacional por causa daquela decisão.

As palavras são poderosas, porém não significam nada até estarem associadas a um conceito. As mesmas palavras, vindas de duas pessoas diferentes, raramente são recebidas da mesma maneira. As mesmas palavras, ditas de forma diferente, raramente têm o mesmo impacto. As mesmas palavras, vindas da mesma pessoa, geralmente serão interpretadas à luz da atitude de quem fala. Um dia, certa mãe tentou ensinar essa verdade a seu filho. O garoto veio da escola e disse:

— Mãe, acho que tirei zero no teste de matemática.

Sua mãe respondeu:

— Filho, não diga uma coisa dessas; isso é negativo. Seja positivo.

E então o garoto falou:

— Mãe, positivamente, tirei zero no meu teste de matemática.

Aceitação/afirmação por parte dos adultos — o que sinto

Quando dou palestras para líderes, geralmente lhes falo sobre a importância que sua aceitação e afirmação têm para seus liderados. A verdade é que *as pessoas não se importam com o quanto você sabe até que saibam o quanto você se importa!*

Procure se lembrar da época em que você estava na escola. Quem era o seu professor favorito? Por quê? Provavelmente, suas melhores lembranças dizem respeito a alguém que demonstrava aceitação e o incentivava. Raramente nos lembramos daquilo que nossos professores nos disseram, mas nos lembramos do quanto eles gostavam de nós. Muito antes de entendermos o que está sendo ensinado, nós buscamos compreensão. Muito depois de termos esquecido o que foi ensinado, ainda nos lembramos dos sentimentos de aceitação ou rejeição.

Já aconteceu várias vezes de eu perguntar às pessoas se elas gostaram do sermão que seu pastor pregou na semana anterior. Quando elas dizem que sim, eu pergunto: "Qual foi o assunto do sermão?" Setenta e cinco por cento das vezes, elas não conseguem lembrar do título do sermão. Elas não se lembram do assunto, mas se lembram da atmosfera e da atitude com que o sermão foi pregado.

Conversei, certa vez, com Mary Vaughn, que foi diretora do sistema de aconselhamento do Ensino Fundamental de Cincinnati. Pedi-lhe que apontasse o principal problema que havia percebido nas situações de aconselhamento. "John", disse ela imediatamente, "a maioria dos problemas psicológicos das crianças vem da falta de aceitação e afirmação por parte dos pais e de seus colegas." Mary fez questão de enfatizar que o nível econômico ou profissional, a classe social e outros fatores aos quais a sociedade dá tanto valor eram irrelevantes.

Ela, então, me contou a história de Dennis, um menino de dez anos. Ele estava na terceira série e vivia brigando, mentindo e causando problemas aos colegas. Ele dizia: "Ninguém gosta de mim, e a professora está sempre no meu pé." Dennis não aceitava ajuda das pessoas que realmente se importavam com ele e tentavam ajudá-lo. Qual era o seu problema? Ele precisava do apoio e do amor da mãe a tal ponto que vivia num mundo de fantasia, sempre falando do quanto a mãe o amava. Na verdade, ela não lhe dava nenhum apoio ou carinho. A carência de Dennis era tão grande que ele fantasiava a respeito do amor da mãe e direcionava sua atitude negativa para as outras pessoas.

Ao contrário de Dennis, eu tive o privilégio de crescer em uma família muito amorosa e que me dava todo o apoio. Nunca tive dúvidas do amor e da aceitação de meus pais. Eles estavam sempre demonstrando esse amor através de ações e palavras. Margaret e eu tentamos criar esse mesmo ambiente para nossos filhos. Muitas vezes, conversamos sobre a importância de demonstrar amor aos nossos filhos. Tomamos a decisão de fazer com que eles vejam ou sintam nossa afirmação e aceitação pelo menos trinta vezes por dia. Não estamos exagerando! Alguma vez já lhe disseram que você era amado e querido e você achou que era demais? Lembre-se: as pessoas não se importam com o quanto você sabe até que saibam o quanto você se importa.

Autoimagem — como me vejo

É impossível agir de uma maneira incoerente com o modo como vemos a nós mesmos. Em outras palavras, geralmente agimos de uma forma que corresponde diretamente à nossa autoimagem. Nada é mais difícil de fazer do que mudar ações exteriores sem mudar sentimentos que guardamos dentro de nós. Quando percebemos que o nosso desempenho se baseia na percepção que temos a nosso respeito, devemos também nos lembrar do amor e da aceitação incondicionais que Deus tem por nós. Ele tem uma opinião a nosso respeito que é melhor do que a nossa. Os discípulos podem não ter sido pessoas de muito sucesso à vista do mundo, mas o chamado de Cristo transformou completamente a vida deles.

Uma das melhores maneiras de melhorar nossa opinião a respeito de nós mesmos é acumulando alguns "sucessos". Minha filha Elizabeth tinha certa tendência à timidez e fugia de novas experiências. Mas, uma vez confortável com uma situação, mergulhava de cabeça. Quando ela estava na primeira série, houve uma campanha de venda de doces na escola, para ajudar as finanças do caixa escolar. Cada criança recebeu trinta doces e tinha como objetivo vender todos. Quando fui pegar Elizabeth na escola, ela estava segurando o seu "desafio" e precisava de algum incentivo. Era hora de fazer uma reunião de vendas com minha nova vendedora.

No caminho para casa, fui lhe ensinando como vender docinhos. Cada vez que ensinava alguma coisa, eu dizia meia dúzia de frases do tipo: "Você consegue", "Eles não vão resistir ao seu sorriso", "Eu acredito em você". Quinze minutos depois, quando chegamos em casa, a garotinha sentada ali ao meu lado havia se tornado uma vendedora dedicada e encantadora. Lá se foi ela pela vizinhança, com seu irmãozinho, Joel, comendo um dos docinhos. Ao fim do dia, todos os trinta doces haviam sido vendidos, e Elizabeth estava se sentindo ótima. Nunca me esquecerei das palavras da oração que ela fez quando fui colocá-la na cama naquela noite: "Deus, muito obrigada pela campanha de venda de doces da escola. Isso foi ótimo. Senhor, me ajude a ser uma vencedora! Amém."

Essa oração é o desejo do coração de todas as pessoas. Queremos ser vencedores. Acredite ou não, Elizabeth voltou para casa no dia seguinte com outra caixa de doces. Agora vinha o teste mais difícil! Ela já havia esgotado o número de vizinhos conhecidos e estava indo para o mundo cruel dos compradores desconhecidos. Quando fomos a um shopping para vender nossos doces, ela confessou que estava com um pouco de medo. Novamente, eu a encorajei, dei mais algumas dicas de venda, mais incentivo, a levei ao lugar certo e lhe dei mais encorajamento ainda. Ela conseguiu. Os resultados daquela experiência foram dois dias de vendas, duas vezes em que ela vendeu tudo, duas pessoas felizes e uma autoimagem fortalecida.

Mas esse princípio também funciona no sentido inverso. O modo como vemos a nós mesmos se reflete no modo como os outros nos veem. Se gostamos de nós, há uma chance maior de que os outros também gostem. *A autoimagem é o parâmetro para a construção da nossa atitude.* Nós agimos em resposta ao modo como nos vemos. Jamais ultrapassaremos as fronteiras que delimitam nossos verdadeiros sentimentos a nosso respeito. As "outras terras" só podem ser exploradas quando a nossa autoimagem é suficientemente forte para permitir isso.

Exposição a novas experiências
— oportunidades de crescimento

Voltaire comparou a vida a um jogo de cartas. Cada jogador tem que aceitar as cartas que lhe são entregues. Mas, uma vez que as cartas foram distribuídas, ele decide sozinho como jogá-las para ganhar.

Nós sempre temos várias oportunidades em mãos. Precisamos tomar a decisão de correr o risco e abraçá-las. Não há nada na vida que cause mais estresse e, ao mesmo tempo, nos dê mais oportunidades de crescimento do que ter novas experiências.

Meus pais reconheciam o valor das novas experiências positivas e fizeram o possível para que cada um de seus filhos fosse exposto a elas. Algumas das minhas melhores lembranças estão ligadas às viagens que fiz com meu pai. Muitas vezes, ele dizia para minha professora: "A senhora está fazendo um excelente trabalho, mas na próxima semana irei viajar com meu filho e dar a ele a chance de fazer coisas novas." E lá íamos nós para um outro estado, e eu passava a conhecer novas pessoas, uma natureza e uma cultura diferentes.

Sempre serei grato por aquelas experiências novas programadas por meu pai. Nunca esquecerei o dia em que encontrei o grande missionário E. Stanley Jones. Depois de ouvir aquele gigante espiritual pregar, meu pai me levou a um escritório para me encontrar com ele! Ainda me lembro daquela sala, da postura dele e, principalmente, das palavras de encorajamento que ele me disse.

Como pai, é impossível impedir que seus filhos enfrentem experiências negativas. Portanto, é essencial preparar situações positivas que possam ajudar a construir a autoimagem e a confiança deles. Tanto as experiências positivas quanto as negativas devem ser usadas como instrumentos para preparar as crianças para a vida.

A história de Elizabeth não terminou depois de dois dias de vendas bem-sucedidas. Tempos depois, ela foi novamente de porta em porta, pedindo às pessoas que comprassem "o chocolate mais delicioso do mundo". Eu a segui de carro. Nós dois estabelecemos uma meta (chegar até o final de um quarteirão bem longo) e fizemos o compromisso de não desistir até a atingirmos.

Cada vez que ela batia em uma porta e não vendia nada, seus passos ficavam mais lentos e o meu entusiasmo aumentava. Finalmente, ela conseguiu vender chocolates na penúltima casa. Ela voltou correndo para o carro sacudindo o dinheiro na mão e querendo fazer mais um quarteirão. Eu disse: "Tudo bem, pode ir", e lá se foi ela.

A lição é óbvia: as crianças precisam de afirmação e elogio constantes quando suas novas experiências não são assim tão positivas. De fato, quanto pior a situação, de mais incentivo precisam. No entanto, às vezes nos sentimos desanimados quando elas estão desanimadas. Esta é uma boa fórmula que podemos adotar:

$$\text{Novas experiências} + \text{Aplicações didáticas} \times \text{Amor} = \text{Crescimento}$$

Associação com amigos e colegas
— quem me influencia

As opiniões que os outros têm a nosso respeito influenciam nossa própria opinião sobre nós mesmos. Geralmente, reagimos às expectativas dos outros. Os pais observam isso claramente quando o filho vai para a escola. Eles percebem que não tem mais controle total sobre o ambiente de seu filho. Todo professor do Ensino Fundamental sabe que as crianças logo estabelecem uma espécie de "cadeia alimentar" na turma. Os alunos ganham rótulos e o relacionamento entre as crianças muitas vezes é marcado por uma sinceridade brutal. A pressão dos pares começa a ser um problema.

Em um de seus estudos de caso, envolvendo uma criança da primeira série, Mary Vaughn escreve: "Um ambiente físico muito pobre (carente em termos de vestuário, abrigo ou comida) não gera necessariamente atitudes negativas na criança. O que deixa cicatrizes profundas é a falta de aceitação por parte de seus pares." O exemplo que ela apresenta é o de uma criança da primeira série que estava praticando furtos na sala de aula.

Terry tinha uma aparência pálida e doentia. A professora estava preocupada com os furtos que ele vinha praticando. Muitas coisas que os outros alunos diziam ter perdido eram encontradas na mesa dele. Depois que a orientação educacional conversou com ele, foi feita uma visita a seus pais. A casa deles possuía quatro cômodos e abrigava nove pessoas. Os cômodos tinham poucos móveis e a pobreza era evidente. Os pais de Terry ficaram agradecidos com a oferta de auxílio e de roupas. Eles também queriam ajudá-lo. O diagnóstico do problema foi o seguinte: "Terry roubava somente porque a pressão dos pares fez com que ele tomasse consciência de sua pobreza. Ele queria ter as mesmas borrachas bonitas e lancheiras coloridas que seus amigos tinham." Sem dúvida, essa experiência ajudou os seus pais a perceberem que os outros exerciam um controle considerável sobre o comportamento de seu filho.

Casey Stangel, um dirigente de sucesso da equipe de beisebol New York Yankees, entendia o poder das amizades sobre a atitude de um jogador. Billy Martin lembra do conselho de Stangel quando ele era treinador do time de novatos: "Casey dizia que havia uns 15 jogadores no time que fariam qualquer coisa por você, cinco que iriam odiá-lo e outros cinco indecisos", disse Martin. Stangel dizia ainda: "Quando você fizer a lista para acomodar os jogadores nos quartos de hotel, sempre ponha os perdedores juntos. Nunca ponha um vencedor no mesmo quarto que um perdedor. Os perdedores que ficarem juntos vão botar a culpa de tudo no treinador, mas a coisa não se espalhará se você os mantiver isolados."

Durante uma reunião, um homem me procurou depois de eu ter falado a respeito das nossas atitudes e amizades. Ele queria que eu esclarecesse o conceito de nos isolarmos de pessoas que podem nos puxar para baixo. A pergunta dele foi: "Como podemos ajudar as pessoas que têm problemas de atitude se nos afastarmos delas?" Minha resposta foi: "Existe uma diferença entre ajudar aqueles que têm problemas de atitude recorrentes e nos tornamos amigos íntimos dessas pessoas. Quanto mais íntimo é o seu relacionamento, maior será a influência que as atitudes e filosofias de seus amigos terão sobre você."

Aparência física — como eu pareço para os outros

Nossa aparência física tem um papel importante na construção da nossa atitude. Existe uma pressão incrível sobre as pessoas para que tenham aquela feição que é o padrão aceito pela sociedade. Quando estiver assistindo televisão, preste atenção no quanto os comerciais enfatizam a aparência. Observe a quantidade de anúncios que falam de roupas, dietas, exercícios e beleza física. Hollywood diz: "Nada de ser feio; o negócio é ser bonito." Isso influencia a nossa percepção a respeito do nosso próprio valor, baseado no aspecto físico. O que dificulta ainda mais as coisas é a percepção de que os outros também nos julgam pela nossa aparência. Há alguns anos, li um artigo numa revista de negócios que dizia: "Nossa beleza é um dos fatores que determinam nossa renda." A pesquisa citada no artigo mostrava as discrepâncias entre os salários de homens que mediam 1,88m de altura em relação aos que tinham 1,79m. Os homens mais altos recebiam salários maiores.

Casamento, família, emprego — minha segurança e meu status

Novas influências começam a afetar nossas atitudes por volta dos 25 anos. É nessa época da vida que a maioria de nós se casa. Isso significa que outra pessoa passa a ter influência sobre a nossa perspectiva da vida.

Quando falo sobre atitudes, sempre enfatizo a necessidade de nos cercarmos de pessoas positivas. Um dos comentários mais tristes que geralmente recebo vem dos que dizem que seu cônjuge é uma pessoa negativa e não quer mudar. Até certo ponto, quando o cônjuge negativo não quer mudar, o que tem uma atitude mais positiva fica prisioneiro do negativismo. Nessas situações, aconselho o casal a procurar lembrar-se dos padrões que seguiam na época em que namoravam e procurar voltar a eles.

Observe o comportamento de um casal durante o namoro. Eles ilustram duas belas ideias. Eles estão construindo seus pontos fortes e esperando o melhor. É durante esse período que uma garota costuma ver o rapaz como um cavaleiro vestido com uma armadura reluzente. Ela está buscando o melhor da parte dele. Ela está esperando o melhor. Ela não dá muita importância a qualquer coisa que pareça ser uma fraqueza. O rapaz, por sua vez, vê uma bela garota com nobres sentimentos e grandes qualidades. Então eles se casam, e cada um deles vê a realidade do outro — tanto os pontos fortes quanto as fraquezas. O casamento será bom e forte se as fraquezas não forem enfatizadas. Mas muitos terminam em divórcio porque os pontos fortes são ignorados. Os cônjuges saem de uma situação em que esperavam o melhor para uma situação em que esperam o pior; da construção sobre o alicerce dos pontos fortes para a ênfase nas fraquezas.

Quer você tenha 11, 42 ou 65 anos, sua atitude em relação à vida ainda está em construção. Ao entender os materiais que compõem as estruturas de sua atitude, você e aqueles a quem influencia serão capazes de manter uma perspectiva mais sadia.

7
O PIOR ERRO QUE SE PODE COMETER
NA CONSTRUÇÃO DE UMA ATITUDE

Acontece conosco assim que nascemos. Nossos parentes, encantados, colam o nariz no vidro do berçário e começam aquele jogo: "Com quem será que ele parece?" Depois de muita discussão, chegam à conclusão que aquele bebê de carinha vermelha, todo enrugado e sem dentes, parece com o tio Harry.

À medida que a personalidade da criança vai se desenvolvendo, começam os rótulos. É uma reação humana normal. Todos nós fazemos isso. Mas começa a se tornar prejudicial quando passamos a pôr limitações na criança, dizendo que ela é um aluno "regular", um corredor "mais ou menos" ou uma criança "feinha". Se os pais não tiverem cuidado, os filhos crescerão se depreciando em relação aos outros por causa da "caixa" em que os pais os colocaram; por causa das expectativas que os pais puseram sobre eles.

O que uma pessoa é capaz de fazer? Ninguém sabe. Portanto, ninguém deveria, conscientemente, instilar pensamentos limitantes em outras pessoas. Muitos anos atrás, Johnny Weissmuller, que os fãs de cinema também conhecem como

Tarzan, foi considerado o maior nadador de todos os tempos. Médicos e treinadores do mundo inteiro diziam: "Ninguém jamais conseguirá quebrar os recordes de Johnny Weissmuller." Ele detinha mais de cinquenta deles! Você sabe quem está quebrando os recordes de Tarzan hoje em dia? Garotas de 13 anos! Os recordes olímpicos de 1936 foram as marcas de qualificação da Olimpíada de 1972.

Lembre-se: *os outros podem detê-lo temporariamente, mas você é o único capaz de fazer isso permanentemente.*

Um elefante pode levantar sem dificuldade uma carga de uma tonelada com a tromba, mas você já viu como essas enormes criaturas ficam paradas e quietas no circo, amarradas a uma pequena estaca de madeira?

Quando ainda é muito jovem e fraco, o elefante é preso a uma rígida estaca de ferro por uma corrente pesada. Ele aprende que, por mais que se esforce, não conseguirá partir a corrente e se libertar. Então, não importa o quão grande e forte o elefante se torne, ele continuará acreditando que não pode se mover enquanto vir a estaca no chão, ao lado dele.

Muitos adultos inteligentes se comportam como os elefantes do circo. Eles estão restritos em pensamentos, ações e resultados. Eles nunca ultrapassam as limitações que impuseram a si mesmos.

Quando dou palestras sobre limitações, geralmente falo sobre o que eu chamo de "nível da seiva".

Nosso Potencial

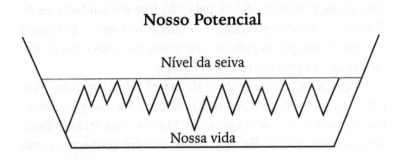

Nessa ilustração, a linha que marca o nível da seiva representa a nossa barreira limitante autoimposta. A linha quebrada que sobe e desce simboliza a nossa vida. O esforço necessário para ultrapassar o nível da seiva drena a nossa "seiva" vital. Toda vez que fazemos alguma tentativa de romper aquele estrato, passamos por sofrimento. Pagamos um preço físico e emocional quando rompemos a barreira das limitações que achamos que temos e entramos em uma área de maior potencial.

Mais adiante, nas seções III e IV deste livro, examinaremos mais detalhadamente esse processo. Infelizmente, muitas pessoas aceitam seu nível de seiva e nunca atingem seu potencial. Elas são como as pulgas treinadas que ficam pulando dentro de um vidro de conservas. Qualquer um pode ver que o vidro não tem tampa. Então, por que as pulgas não pulam para fora do vidro e fogem? A resposta é simples. O treinador, quando bota as pulgas no vidro pela primeira vez, põe uma tampa. As pulgas pulam alto e ficam batendo com seus pequeninos cérebros de pulga nela. Depois de algumas dores de cabeça em que só um bom analgésico dá jeito, as pulgas param de pular tão alto, e começam a sentir um grande alívio. Agora a tampa pode ser removida, porque mesmo assim as pulgas ficam presas; não por uma tampa de verdade, mas por uma mentalidade que diz: "Vá só até aqui e pronto."

Preparei uma lista de alguns comentários que fazemos sem pensar e que podem restringir nosso potencial e nos impedir de romper o limite:

"Isso nunca foi feito antes."
"Nunca mais tento fazer isso de novo."
"Vai com calma."

Agora é a sua vez. Faça uma lista de frases que têm limitado o seu potencial.

Se alguém tentar reprimi-lo usando o nível da seiva, aqui está um poema que pode frustrar o ataque. Leia-o de vez em quando:

> Disseram que não podia ser feito,
> Mas ele respondeu, a gargalhar,
> Que, embora fosse esforço sem proveito,
> Jamais desistiria sem tentar [...].
> Canta e põe-te a trabalhar.
> Assim farás, enfim, nascer
> O que "ninguém podia fazer".[1]
>
> EDGAR A. GUEST

Parte III
Quando sua atitude sofre um desastre

8
MAYDAY! MAYDAY!
MINHA ATITUDE ESTÁ PERDENDO ALTITUDE

Uma das primeiras coisas que descobri durante o voo naquele pequeno avião foi que uma turbulência geralmente torna a viagem um pouco complicada. Assim como os voos, a vida também tem seus períodos de turbulência. Um dia tranquilo é uma exceção, não a regra. O voo em curso reto e nivelado geralmente acontece após a *recuperação* de descidas, subidas e curvas. Ele é a exceção, não a regra.

Você já teve um dia como o daquele garoto do livro de Judith Viorst, *Alexander and the Terrible, Horrible, No Good, Very Bad Day* [Alexandre e o dia terrível, horrível, espantoso e horroroso]?

> Fui para a cama com um chiclete na boca e agora tem chiclete grudado no meu cabelo e, quando levantei da cama de manhã, tropecei no skate e sem querer deixei cair o suéter na pia com a torneira aberta, e então tive certeza de que o dia ia ser terrível, horrível, espantoso e horroroso.[1]

Aqui estão algumas regras de que você deve se lembrar quando estiver tendo um daqueles dias terríveis, horríveis, espantosos e horrorosos, e sua atitude começar a cair vertiginosamente.

Regra 1: Mantenha a atitude certa quando as coisas ficam difíceis

Nossa reação natural é pular fora da atitude certa para compensar os nossos problemas. Durante o voo da nossa vida, a atitude é ainda mais crítica nos momentos difíceis. É aí que somos tentados a entrar em pânico e a tomar decisões baseadas em atitudes ruins. Quando acontece um desastre, ele é causado por uma reação equivocada, não pela turbulência. Quantas vezes já não vimos uma "tempestade em copo d'água" se tornar pior que o próprio problema?

Lembre-se de que a dificuldade se torna realmente um problema quando internalizamos circunstâncias infelizes. Quando vem a tempestade, é bom lembrar também que *o importante é o que nos afeta por dentro, e não por fora*! Quando as circunstâncias externas provocam reações internas erradas, aí sim nós estamos com um problema.

Certa vez, conversei com um homem que estava em uma situação financeira muito delicada. Ele corria o risco de perder tudo. Eu me ofereci para orar por ele e dar apoio durante aquele período difícil. A resposta dele foi: "Eu nunca estive tão próximo de Deus!" Ele me contou que aquela provação estava fazendo com que ele se tornasse mais forte na caminhada com Deus. Paulo disse a Timóteo que os cristãos seriam perseguidos. Disse também que ele não só havia suportado perseguições, mas também havia sempre recebido de Deus o livramento (ver 2Timóteo 3:11-12). Paulo deixou que as tempestades da vida o fortalecessem. Que diferença daqueles que gritam "Desisto!" toda vez que surgem dificuldades.

Regra 2: Lembre-se de que o "mau tempo" não dura para sempre

Quando nos vemos no meio de situações complicadas, geralmente é difícil lembrar dessa verdade. Ficamos consumidos pelos problemas. Toda a nossa perspectiva fica afetada pelo momento ruim. Uma pessoa que está se afogando não liga para os compromissos marcados para o dia seguinte.

Há uma frase que costumo dizer quando me sinto esmagado pelas dificuldades. Na hora em que penso "não aguento mais", eu digo: "Isso também vai passar!" Essa pequena frase funciona. Ela me ajuda a colocar a situação na perspectiva certa novamente.

Já ouvi muitos corredores falarem sobre a euforia que sentem durante a corrida (é difícil me convencer disso quando vejo a expressão de dor no rosto deles). Quando eles conseguem "dar um gás", a sensação é a de que poderiam correr o dia inteiro. Qual é o segredo? Correr até sentir esse fôlego extra. A primeira parte do percurso é difícil e dolorosa. A última é mais fácil e proveitosa.

Regra 3: Procure tomar decisões importantes antes da tempestade

Muitas tempestades podem ser evitadas quando pensamos e planejamos com antecedência. O piloto verifica as condições meteorológicas segundo seu plano de voo antes de tomar a decisão de decolar. Quando está no ar, ele olha o radar ou entra em contato pelo rádio para saber as condições de tempo que o esperam.

É óbvio que nem todas as tempestades podem ser evitadas. Porém, me pergunto quantas nós enfrentamos porque não tomamos as devidas precauções. Muitas vezes, nossos problemas são causados por nossa própria falta de planejamento, e não pelas condições em que nos encontramos.

Para evitar possíveis tempestades na vida, precisamos conhecer e consultar certos indicadores de mau tempo. Fiz uma lista de alguns "olhos" que podem nos ajudar a prever dificuldades e também de perguntas que deveríamos responder antes de tentar resolver o problema:

INDICADORES DE MAU TEMPO:	PERGUNTAS QUE PRECISO RESPONDER:
Falta de experiência	Conheço alguém com experiência nesta área?
Falta de conhecimento	Estudei o suficiente para conseguir traçar o curso de ação corretamente?
Falta de tempo	Deixei que o tempo agisse em mim, assim como a tempestade?
Falta de informações	Reuni todas as informações necessárias para uma decisão consciente?
Falta de oração	Essa ideia é de Deus ou é minha? Se é minha, será que Deus a abençoa e dá apoio em sua Palavra?

Mesmo depois de haver checado todos os indicadores de mau tempo, é provável que ainda enfrentemos tempestades. As dificuldades da vida nos surpreendem de uma forma muito estranha. Se isso acontecer, procure adiar ao máximo as decisões importantes. Nossa vida é uma sequência de altos e baixos (veja a ilustração adiante). Existe uma diferença fundamental entre as pessoas que pulam de um problema para outro e aquelas que pulam de um sucesso para outro. A diferença está na escolha do momento certo para agir.

Os que tomam uma decisão errada atrás da outra são aqueles que tomam decisões importantes durante os "baixos" da vida. Os que têm o chamado "toque de Midas" são aqueles que aprenderam a esperar os "baixos" passarem, e tomam suas grandes decisões quando se sentem de novo no "alto".

Quando você toma suas grandes decisões?

A hora certa para tomar uma decisão

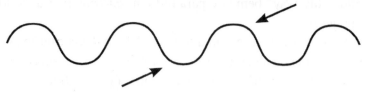

A hora errada para tomar uma decisão

Eu me arrepio dos pés à cabeça quando ouço um palestrante dizer: "É melhor tomar uma decisão errada imediatamente do que não tomar decisão nenhuma." Não caia nessa conversa! A chave para o sucesso na tomada de decisões envolve tanto a escolha da opção certa quanto a do momento certo.

Decisão errada na hora errada = desastre
Decisão errada na hora certa = erro
Decisão certa na hora errada = rejeição
Decisão certa na hora certa = sucesso

Em geral, decisões erradas são tomadas na hora errada e decisões certas na hora certa. Por quê? Nós deixamos que o ambiente controle nosso raciocínio, que, por sua vez, controla nossas decisões. Portanto, quanto mais decisões são tomadas nos períodos calmos da vida, menos tempestades nos atingem.

REGRA 4: MANTENHA O CONTATO COM A TORRE DE CONTROLE

Todo piloto sabe como é importante manter o contato com pessoas experientes nos momentos de crise. A reação natural deles, quando estão tendo problemas no voo, é pedir ajuda pelo rádio. Nós nem sempre fazemos isso no dia a dia.

Nossa tendência é tentar resolver tudo sem a ajuda de ninguém. Nós admiramos aquele cara durão e independente que "se vira sozinho". Às vezes, somos como Frank Sinatra cantando "My Way" bem alto para todo mundo ouvir: "Eu fiz do meu jeito."

Jesus canta uma canção diferente. A letra dessa canção fala de plenitude de alegria e realização. A tese de sua canção diz: "Sem mim vocês não podem fazer coisa alguma" (João 15:5). O título de sua canção é "Permaneçam em mim, e eu permanecerei em vocês" ou, usando uma linguagem mais moderna, "Fiquem ligados na Videira, que dá tudo certo".

A primeira estrofe diz: "Permaneçam em mim, e eu permanecerei em vocês. Nenhum ramo pode dar fruto por si mesmo, se não permanecer na videira. Vocês também não podem dar fruto, se não permanecerem em mim" (João 15:4).

A segunda estrofe diz: "Eu sou a videira; vocês são os ramos. Se alguém permanecer em mim e eu nele, esse dá muito fruto; pois sem mim vocês não podem fazer coisa alguma" (João 15:5).

A terceira estrofe diz: "Se alguém não permanecer em mim, será como o ramo que é jogado fora e seca. Tais ramos são apanhados, lançados ao fogo e queimados" (João 15:6).

A quarta estrofe conclui: "Se vocês permanecerem em mim, e as minhas palavras permanecerem em vocês, pedirão o que quiserem, e lhes será concedido" (João 15:7).

Durante um período de avivamento na Skyline Church, Deus começou a falar comigo sobre a afirmação de Jesus "Sem mim vocês não podem fazer coisa alguma". Sempre tive a tendência de achar que *sem Deus só posso fazer algumas coisas*. Eu não tinha nenhuma dificuldade de admitir que precisava dele para fazer "infinitamente mais do que tudo o que pedimos ou pensamos" (Efésios 3:20); mas, quanto às coisas que não tinham nada de extraordinário, essas eu me sentia capaz de fazer sozinho. Aprendi que não posso mais voar sozinho no meu mundo. Não importa se estou voando debaixo de tempestade ou em um céu de brigadeiro: preciso manter contato com Cristo.

Aplicação

Leia as afirmações a seguir. Em seguida, procure aplicar esses princípios à sua atitude atual.

1. "O importante é o que nos afeta por dentro, e não por fora."
O que é mais importante: uma ação errada dirigida a mim ou uma reação errada dentro de mim? Por quê?

2. "O que se planta é o que se colhe."
Isso é verdade? Se não, por que não?

3. "A diferença entre o sucesso e o fracasso na tomada de decisões geralmente está na escolha do momento certo de agir."
Em que momento um vencedor toma as decisões? E eu?

Falamos sobre fatores que fazem com que percamos altitude. Os capítulos seguintes da seção III tratam dos agentes "causadores dos desastres". Esses agentes podem ser tanto as coisas que nos fazem sofrer os acidentes quanto aquelas nas quais botamos a culpa quando fazemos aterrissagens forçadas.

9
O DESASTRE QUE VEM DE DENTRO

Há certas tempestades na vida de uma pessoa que provocam uma queda em sua atitude. As três tempestades que discutirei neste capítulo são predominantemente interiores, não exteriores. Elas fazem parte de nós, e precisamos lidar com elas de maneira construtiva para gerar paz interior e uma atitude sadia.

O MEDO DO FRACASSO

A primeira tempestade interior é o *medo do fracasso*.

Existem muitas maneiras de lidar com ele. Algumas pessoas dizem: "Se não conseguir logo de primeira, destrua todas as provas de que você tentou."

Fracasso: Nós o escondemos,
 negamos,
 tememos,
 ignoramos e
 odiamos.

Fazemos qualquer coisa, menos aceitá-lo. Aceitação não significa resignação e apatia. Significa entender que o fracasso é um passo necessário para o sucesso. Quem não comete erros nunca faz nada.

Gosto de ler sobre a vida de grandes personagens. Um fato que sempre observo é que todas as pessoas de sucesso provaram o gosto do fracasso. De fato, a maioria delas começou desacreditada.

Quando o grande pianista polonês Ignace Paderewski decidiu estudar piano, seu professor de música disse-lhe que suas mãos eram pequenas demais e que ele jamais conseguiria dominar o teclado.

Quando o grande tenor italiano Enrico Caruso se candidatou ao curso de canto, o professor disse-lhe que o som de sua voz parecia o assobio do vento passando pelas frestas da janela.

Henry Ford esqueceu de botar a marcha à ré em seu primeiro automóvel.

Thomas Edison gastou dois milhões de dólares em uma invenção que acabou se revelando praticamente inútil.

Poucas coisas dão certo na primeira tentativa. Os fracassos, às vezes em sequência, são as pegadas que deixamos na estrada do sucesso.

Aceitar o fracasso no sentido positivo é uma boa estratégia quando acreditamos que o direito de errar é tão importante quanto o direito de acertar. Quando morei em San Diego, o clima de lá era mais agradável para mim do que para quem tinha nascido no sul da Califórnia. Isto porque antes eu vivia em Ohio e tinha enfrentado o inverno de 1978, sem contar alguns outros. O fato de termos enfrentado os problemas nos trará mais alegria quando alcançarmos o sucesso, desde que aceitemos o fracasso como uma parte importante do processo que nos permite atingir nossos objetivos.

É impossível ter sucesso sem sofrimento. Se você tem sucesso e não sofreu, alguém sofreu no seu lugar. E se está sofrendo sem alcançar o sucesso, então talvez venha outra pessoa depois de você e o alcance. Mas não há vitória sem sofrimento.

Arrisque-se. Suba no galho onde estão os frutos. Muitas pessoas ficam abraçadas ao tronco da árvore e se perguntam por que não estão recebendo o fruto da vida. Muitos líderes em potencial nunca se destacaram porque deixaram que outra pessoa tomasse a frente e corresse o risco. Muitas pessoas que tinham tudo para receber o fruto nunca receberam nada porque não saíram do meio da multidão e pediram. Tiago diz: "Não têm, porque não pedem" (Tiago 4:2). Na realidade, nós não pedimos porque temos medo da rejeição. Por isso não nos arriscamos.

Mas é preciso correr riscos, porque o maior perigo que corremos na vida é não arriscar nada. Quem não arrisca, não faz nada, não tem nada e não é nada. Pode ser que assim evite o sofrimento e a tristeza, mas não conseguirá aprender, crescer, sentir, mudar, amar nem viver. Acorrentada por suas convicções, essa pessoa é como um escravo: perdeu a liberdade.

O medo do fracasso paralisa os que se levam muito a sério. Até chegarmos à idade adulta, muitos de nós passamos um bom tempo nos preocupando com a opinião dos outros a nosso respeito. Ao chegarmos à meia-idade, percebemos que o mundo não estava prestando muita atenção durante todo aquele período em que nos preocupamos. Enquanto não aceitarmos o fato de que o futuro da humanidade não depende das nossas decisões, seremos incapazes de esquecer os erros que cometemos no passado.

A atitude é o que determina se nossos fracassos vão nos edificar ou nos destruir. A persistência de uma pessoa diante de um insucesso é sinal de uma atitude correta. Os vencedores não desistem! O fracasso se torna devastador e provoca um desastre na nossa atitude quando desistimos. Aceitar uma derrota como definitiva é ser derrotado definitivamente.

Aplicação

Leia esses pensamentos de reforço sobre como lidar com o fracasso. Escreva-os em fichas pautadas 3x5 e deixe-as em um local visível onde você possa consultá-las frequentemente.

Quem nunca comete erros não faz nada.

Os fracassos, às vezes em sequência, são as pegadas que deixamos na estrada do sucesso.

É impossível ter sucesso sem sofrimento.

A atitude é o que determina se nossos fracassos vão nos edificar ou nos destruir.

Aceitar uma derrota como definitiva é ser derrotado definitivamente.

O PAVOR DO DESÂNIMO

A segunda tempestade interior que provoca um desastre na atitude é o *pavor do desânimo*.

Um dos meus personagens bíblicos prediletos é Elias. Nunca um homem de Deus viveu momento mais grandioso que o dele no monte Carmelo. Ousadia, fé, poder, obediência e oração eficaz descrevem Elias durante o embate com os adoradores de Baal. Mas o livramento (1Reis 18) foi seguido pelo desânimo (1Reis 19). Sua atitude corajosa desapareceu, e ele passou a culpar Deus por seus problemas. O medo tomou o lugar da fé. O poder foi minado pela autopiedade e a desobediência substituiu a obediência. Como as coisas mudaram rápido! Você já passou por isso? Leia 1Reis 19 e observe as quatro ideias sobre o desânimo.

Em primeiro lugar, o desânimo fere nossa autoimagem:

E entrou no deserto, caminhando um dia. Chegou a um pé de giesta, sentou-se debaixo dele e orou, pedindo a morte. "Já tive o bastante, SENHOR. Tira a minha vida; não sou melhor do que os meus antepassados" (v.4).

O desânimo faz com que nos sintamos inferiores ao que realmente somos. Esse fato se torna ainda mais importante quando nos lembramos de que não conseguimos agir de um modo incoerente com a imagem que fazemos de nós mesmos.

Em segundo lugar, o desânimo nos faz fugir das nossas responsabilidades:

Ali entrou numa caverna e passou a noite. E a palavra do SENHOR veio a ele: "O que você está fazendo aqui, Elias?" (v. 9).

Os Elias da vida foram criados para o monte Carmelo, não para as cavernas. A fé nos leva ao ministério. O medo só nos traz aflição.

Em terceiro lugar, o desânimo faz com que culpemos os outros pelas dificuldades que atravessamos:

Ele respondeu: "Tenho sido muito zeloso pelo SENHOR, Deus dos Exércitos. Os israelitas rejeitaram a tua aliança, quebraram os teus altares, e mataram os teus profetas à espada. Sou o único que sobrou, e agora também estão procurando matar-me" (v. 10).

Em quarto lugar, o desânimo deturpa a nossa visão dos fatos:

"[O SENHOR lhe disse:] No entanto, fiz sobrar sete mil em Israel, todos aqueles cujos joelhos não se inclinaram diante de Baal e todos aqueles cujas bocas não o beijaram" (v. 18).

De apenas um para sete mil! Não há dúvida de que o desânimo deu uma surra no grande profeta. E, se isso pode acontecer com grandes homens, o que não acontecerá conosco? E com outras pessoas? O desânimo é contagioso.

Todos nós estamos sujeitos às correntes do desânimo que podem nos arrastar para águas perigosas. Se conhecermos algumas de suas causas, será mais fácil evitá-lo. O desânimo surge quando:

1. Sentimos que não há mais chance de sucesso

O teste do nosso caráter é ver o que é necessário para nos deter. Precisamos ter o mesmo espírito daquele menino que jogava na Liga Infantil de Beisebol. Um homem parou para assistir ao jogo e perguntou a um dos meninos quanto estava o placar.

— Nós estamos perdendo de 18 a zero — respondeu o garoto.

— Bem — disse o homem, — vejo que vocês não parecem desanimados.

— Desanimados? Por que estaríamos desanimados? Ainda não chegou a nossa vez de rebater.

2. Nos tornamos egoístas

Geralmente, as pessoas desanimadas só estão pensando em uma coisa: em si mesmas.

3. Não conseguimos sucesso imediato quando tentamos fazer alguma coisa.

Uma pesquisa realizada pela Associação Nacional do Comércio Varejista revelou que o insucesso na primeira tentativa de realizar uma venda leva quase metade dos vendedores ao fracasso total. Veja:

48% dos vendedores fazem uma ligação telefônica e depois desistem.

25% dos vendedores fazem duas ligações telefônicas e depois desistem.

15% dos vendedores fazem três ligações telefônicas e depois desistem.

12% dos vendedores ligam várias e várias vezes, e tornam a ligar, e ligam novamente.

São estes últimos que realizam 80% das vendas.

Nós vencemos pela persistência.

4. Falta objetividade e planejamento.

Outra característica do desânimo é a falta de ação. Raramente se vê um ativista desanimado correndo de um lado para outro para realizar seu trabalho. Quando uma pessoa está se sentindo desencorajada, sua tendência é se retrair. Muitas vezes, o desânimo surge logo após uma experiência de sucesso. Elias descobriu isso. Talvez ele precisasse de outro monte Carmelo para levantar seu espírito. Quando não temos um objetivo a alcançar, muitas vezes sentimos que a vida está vazia.

Talvez você esteja se sentindo totalmente desanimado, achando que não há muito o que fazer para vencer a sensação de frustração e incapacidade. Mas existem alguns passos que você pode seguir:

1. Ação positiva

Ataque o problema. Assim que tiver certeza de qual é a fonte do desânimo, ponha mãos à obra. Nada nos livra do desânimo mais depressa do que tomar medidas positivas para resolver o problema.

2. Pensamento positivo

Há alguns anos li uma pequena, mas estimulante, biografia de Thomas Edison, escrita pelo filho dele. Que caráter extraordinário! Graças à sua genialidade, podemos contar com o microfone, o fonógrafo, a lâmpada incandescente, a bateria, os filmes sonoros e mais de mil outras invenções. Mas, além de tudo isso, Edison era um homem que não se rendia ao desânimo. Seu otimismo contagiava todos os que o conheciam.

Seu filho narra um fato ocorrido em uma noite gélida de dezembro de 1914. Uma série de experimentos fracassados com a bateria acumuladora níquel-ferro-alcalina, um projeto que se arrastava havia dez anos, deixou Edison em uma situação financeira complicada. Ele só não estava falido por causa da renda da produção dos filmes e discos.

Naquela noite de dezembro, o grito de "Fogo!" ecoou pelo laboratório. A sala dos filmes estava em chamas por causa de uma combustão espontânea. Em questão de minutos, as embalagens, o celuloide para confecção dos filmes e discos e outros materiais inflamáveis estavam ardendo. Bombeiros de oito cidades vizinhas foram acionados, mas o calor era tão intenso e a pressão da água tão baixa, que as tentativas de apagar as chamas foram em vão. Tudo estava sendo destruído.

O filho de Edison não conseguia encontrar o pai, e começou a ficou preocupado. Como ele estaria se sentindo diante daquela tragédia? Estaria desesperado com a destruição de sua fonte de renda? Passado pouco tempo, ele viu o pai no quintal do laboratório, correndo em sua direção.

"Onde está sua mãe?", gritou o inventor. "Vá buscá-la, filho! Diga-lhe para vir depressa e trazer as amigas! Elas nunca verão outro incêndio como este!"

Logo cedo, na manhã seguinte, muito antes do nascer do sol, com os bombeiros ainda fazendo o rescaldo, Edison reuniu seus empregados e fez um anúncio inacreditável: "Vamos reconstruir tudo!"

Ele disse a um dos homens que arrendasse todo o maquinário disponível na área. Disse a outro que fosse até a Erie

Railroad Company e arranjasse um guindaste de demolição. Depois, quase como se fosse algo secundário, acrescentou: "Ah, a propósito, alguém aqui sabe onde podemos conseguir algum dinheiro?"

Mais tarde, ele explicou: "Podemos sempre fazer capital após um desastre. Acabamos de nos livrar de um monte de lixo. Vamos construir algo maior e melhor sobre estas ruínas." Pouco depois disso, ele bocejou, enrolou o casaco para fazer um travesseiro, se acomodou em cima de uma mesa e dormiu.[1]

3. Exemplo positivo

O caso aconteceu no Sudoeste da Ásia, no século XIV. O exército do conquistador asiático Tamerlão (um descendente de Gêngis Khan) foi derrotado e posto em debandada por um poderoso inimigo. O próprio imperador Tamerlão foi se esconder em um estábulo abandonado, enquanto o exército inimigo varria os campos à caça dos fugitivos.

Enquanto estava deitado ali, desesperado e abatido, Tamerlão viu uma formiga tentando carregar um grão de trigo enquanto subia um muro perpendicular. O cereal era maior que a formiga. O imperador contou quantas vezes o inseto tentou chegar ao topo do muro. Sessenta e nove vezes ela tentou; 69 vezes o grão caiu no chão. Na septuagésima tentativa, ela conseguiu empurrar o grão sobre a borda do muro.

Tamerlão deu um salto e soltou um grito! Ele também triunfaria no final! E foi o que fez, reorganizando seu exército e pondo o inimigo em fuga.

4. Persistência positiva

Muitas vezes, ficamos desanimados e aceitamos a derrota. Um dos mais famosos cavalos de corrida de todos os tempos chamava-se *Man o' War* ["guerreiro", em inglês]. Com dois anos de idade, ele ganhou seis corridas consecutivas. Então, em 1919, o campeão encontrou um competidor apropriadamente chamado *Upset* ["virada", em inglês]. Pela primeira vez na vida, o guerreiro cruzou a linha de chegada atrás de outro cavalo.

Como muitas vezes acontece quando os campeões são derrotados, houve algumas circunstâncias anormais que provocaram aquele resultado. Naquela ocasião, o portão de largada do hipódromo de Saratoga estava sendo operado por um assistente, e a queda da barreira atrasou cerca de cinco minutos. O campeão, sempre agitado em sua raia, estava dançando de um lado para o outro e balançando a cabeça. Quando foi dada a largada, o grande cavalo vermelho estava meio de lado; foi o quinto a largar em uma corrida de sete cavalos.

Um campeão não entrega os pontos facilmente, e Man o' War não era exceção. Ele tentou tirar a diferença bravamente. Mais uma ou duas voltas, e ele teria vencido com folga. Mas Upset ganhou a corrida por uma estreita margem.

Quando lemos sobre aquele incidente, desejamos que Man o' War nunca tivesse sido derrotado por Upset.

Desejamos também que as derrotas sofridas por alguns grandes personagens da história nunca tivessem acontecido. Abraão falhou em um momento crítico e, por causa de sua fraqueza, deixou que um rei pensasse que sua esposa, Sara, era sua irmã. Há ainda os exemplos de Jacó, que enganou o irmão para se apoderar de seu direito de primogenitura; Moisés, cuja impaciência fez com que perdesse o direito de entrar na terra prometida; e Davi, o "homem segundo o coração de Deus" (ver 1Samuel 13:14), que manchou seu nome por causa de adultério e assassinato. Elias também estava se sentindo derrotado e pediu a Deus para morrer.

Mas — e isso é o mais importante — todos esses homens, após sofrerem trágicas derrotas, seguiram em frente para obter grandes vitórias (como fez Man o' War um ano depois, quando derrotou Upset).

Aplicação

Há muitos anos, Harold Sherman escreveu um livro intitulado *Sucesso na Arte de Viver*.[2] Nesse livro, ele apresenta um "Código de persistência". Se você costuma desistir com muita facilidade, escreva esta lista e leia-a diariamente:

1. Não vou desistir enquanto souber que estou certo.
2. Vou acreditar que tudo vai dar certo se eu resistir até o fim.
3. Vou ser corajoso e não desanimarei diante das dificuldades.
4. Não vou permitir que ninguém me intimide ou me impeça de alcançar meus objetivos.
5. Vou lutar para superar todas as desvantagens físicas e os obstáculos.
6. Vou continuar tentando até alcançar meu objetivo.
7. Vou fortalecer minha fé e ganhar novo ânimo através dos exemplos de homens e mulheres de sucesso que tiveram que lutar contra a derrota e a adversidade.
8. Nunca me entregarei ao desânimo nem ao desespero, não importa quais sejam os obstáculos que eu tenha de enfrentar.

A PRESSÃO DO PECADO

A terceira tempestade que surge dentro de nós e provoca um desastre em nossa atitude é *a pressão do pecado*.

Não entendo o que faço. Pois não faço o que desejo, mas o que odeio. E, se faço o que não desejo, admito que a lei é boa. Neste caso, não sou mais eu quem o faz, mas o pecado que habita em mim. Sei que nada de bom habita em mim, isto é, em minha carne. Porque tenho o desejo de fazer o que é bom, mas não consigo realizá-lo. Pois o que faço não é o bem que desejo, mas o mal que não quero fazer, esse eu continuo fazendo. Ora, se faço o que não quero, já não sou eu quem o faz, mas o pecado que habita em mim. Assim, encontro esta lei que atua em mim: Quando quero fazer o bem, o mal está junto a mim. Pois, no íntimo do meu ser tenho prazer na lei de Deus; mas vejo outra lei atuando nos membros do meu corpo, guerreando contra a lei da minha mente, tornando-me prisioneiro da lei do pecado que atua em meus membros. Miserável homem eu que sou! Quem me libertará do corpo sujeito a esta morte? Graças a Deus por Jesus Cristo, nosso Senhor! De modo que, com a mente, eu próprio sou escravo da lei de Deus; mas, com a carne, da lei do pecado.

ROMANOS 7:15-25

Paulo não é um golfista descrevendo seu jogo irregular. Ele está escrevendo sobre o conflito entre duas naturezas dentro dele. Uma diz: "Faça o que é certo", enquanto a outra o arrasta para baixo.

Um cristão recém-convertido estava me contando como se sentia frustrado por nem sempre fazer o que era certo, que era o seu desejo. Ele, então, me perguntou:

— Pastor, o senhor entende como me sinto?

E eu respondi:

— Sim, entendo. E Paulo também.

Abri a Bíblia em Romanos 7 e comecei a ler. Ele me interrompeu e perguntou:

— Onde está essa passagem? Vou precisar ler de novo.

Espero que ele leia também Romanos 8, onde Paulo fala sobre libertação. "Portanto, agora já não há condenação para os que estão em Cristo Jesus" (v. 1).

Susanna Wesley, mãe de John e Charles Wesley, disse esta frase notável: "Tudo que enfraquece sua razão, prejudica a sensibilidade de sua consciência, obscurece seu senso da presença de Deus ou tira seu gosto pelas coisas espirituais — tudo isso é pecado para você."

Nossa atitude começa a falhar quando o pecado entra na nossa vida. Por causa do pecado, somos invadidos pelo afastamento, pela insensibilidade e pela natureza carnal. No início, ele é tentador; depois, tenebroso. De início, é atraente; depois, alienante. De início, nos confunde; depois, nos condena. Promete vida e produz morte; é a coisa mais desapontadora que existe no mundo.

Entender o problema é um passo importante na correção de sua perspectiva. Se sua atitude está a caminho de um desastre, verifique os indicadores internos. Veja se você está com medo do fracasso, sofrendo de desânimo ou lutando com o pecado.

10
O DESASTRE QUE VEM DE FORA

Os problemas que trazemos no nosso interior não são os únicos que põem nossa perspectiva em risco. Algumas vezes, a nossa atitude sofre um desastre quando as tempestades que nos rodeiam começam a cobrar seu preço. Selecionei quatro dessas causas externas.

A PROXIMIDADE DA CRÍTICA

Chamo a primeira de *proximidade da crítica*.

Uso a palavra *proximidade* porque a crítica que magoa sempre chega bem perto do que vivemos ou daquilo que amamos. Quando somos criticados, é como se alguém "pisasse no nosso sapato de camurça", como naquela canção de Elvis Presley, "Blue Suede Shoes".

Quando falo sobre esse assunto, costumo perguntar aos ouvintes se eles já receberam alguma crítica que tenha marcado sua vida profundamente. Na maioria das vezes, a resposta é um unânime "sim".

Eu também já ouvi minha parcela de comentários depreciativos. Fui criado em uma denominação que dava muito valor aos pastores que anualmente recebiam votos de confiança unânimes de sua congregação. A conversa durante as conferências eclesiásticas, no verão, girava em torno dos votos mais recentes. Essa valorização ficou entranhada na minha mente, e a oração que fiz por meu primeiro pastorado foi: "Senhor, ajuda-me a agradar a todos." Definitivamente, isso é orar pelo fracasso.

Fiz o melhor que pude. Beijei os bebês, visitei os idosos, casei os jovens, enterrei os mortos, tudo que achava que devia fazer. Finalmente, chegou a hora da votação sobre o meu desempenho. Isso já faz muitos anos, e eu ainda me lembro do resultado. Trinta e um "sim", um "não" e uma abstenção. E agora? Nem todo mundo estava feliz comigo. Corri para o telefone e liguei para o meu pai a fim de pedir seu conselho. Felizmente, ele me tranquilizou e garantiu que a igreja iria conseguir superar a "crise". Infelizmente, durante seis meses, fiquei me perguntando quem teria votado "não".

Aquela primeira experiência pastoral me ensinou o efeito negativo que a crítica pode ter sobre um jovem líder da igreja. Uma pessoa que está apenas começando seu ministério pode facilmente ser esmagada, a menos que entenda que a árvore que tem mais frutos é justamente a que levará mais pedradas.

Jesus, perfeito em amor e motivos, foi incompreendido e constantemente criticado. As pessoas:

- o chamaram de glutão (Mateus 11:19);
- o chamaram de bêbado (Lucas 7:34);
- o criticaram por andar com pecadores (Mateus 9:11); e
- o acusaram de ser samaritano e de ter demônio (João 8:48).

Apesar de ter sofrido incompreensão, ingratidão e rejeição, nosso Senhor não ficou amargurado, nunca se sentiu desencorajado e não se deu por vencido. Todo obstáculo era uma oportunidade. Desgosto? Uma oportunidade de consolar. Doença? Uma oportunidade de curar. Ódio? Uma oportunidade de amar. Tentação? Uma oportunidade de resistir. Pecado? Uma oportunidade de perdoar. Jesus transformou as provações em triunfos.

Sempre nos magoamos quando reagimos de forma negativa àqueles que nos criticam. Quando surgirem esses sentimentos, é importante ler os ensinamentos de Jesus:

> "Vocês ouviram o que foi dito: 'Ame o seu próximo e odeie o seu inimigo.' Mas eu lhes digo: Amem os seus inimigos e orem por aqueles que os perseguem, para que vocês venham a ser filhos de seu Pai que está nos céus. Porque ele faz raiar o seu sol sobre maus e bons e derrama chuva sobre justos e injustos. Se vocês amarem aqueles que os amam, que recompensa receberão? Até os publicanos fazem isso! E se vocês saudarem apenas os seus irmãos, o que estarão fazendo de mais? Até os pagãos fazem isso! Portanto, sejam perfeitos como perfeito é o Pai celestial de vocês."
>
> MATEUS 5:43-48

Aplicação

Aqui estão algumas maneiras de impedir que as críticas sabotem sua atitude:

1. Sempre que possível, evite pessoas que o menosprezam. Pessoas mesquinhas tentam nos jogar para baixo, mas pessoas generosas fazem com que nos sintamos dignos.
2. Pergunte a si mesmo: o que me incomoda mais quando sou criticado? Quem fez a crítica? O que foi dito? Qual foi a atitude da pessoa quando fez a crítica? Em que lugar ela foi feita? Estou recebendo críticas de pessoas

diferentes a respeito do mesmo assunto? A crítica é válida? Se é, estou fazendo alguma coisa para mudar?
3. Encontre um amigo que tenha o dom do encorajamento. Procure-o e receba a cura por meio do dom que ele tem. Mas sempre retribua esse apoio com a ministração do dom que você mesmo recebeu.

A EXISTÊNCIA DE PROBLEMAS

A segunda tempestade é a *existência de problemas*.

A vida é cheia de problemas, e é bom estarmos preparados para eles. Não existe nenhum lugar onde estejamos livres de problemas nem pessoas que não tenham problemas. E os cristãos não são exceção!

Tenho a responsabilidade e o prazer de cuidar do discipulado dos principais líderes de minha congregação. Alguns anos atrás, estudamos a Segunda Carta de Paulo a Timóteo em uma série que chamo de "Timóteo pede um tempo". Um dos temas que estudamos foi "A perseguição do líder cristão". O pensamento central era: "De fato, todos os que desejam viver piedosamente em Cristo Jesus serão perseguidos." A principal questão discutida nesse estudo foi: "Você conhece algum personagem bíblico que tenha sido poderosamente usado por Deus e não tenha passado por provações?" Pare um pouco e tente pensar em alguém. Quase sem exceção, as pessoas mencionadas na Palavra de Deus enfrentaram muitos problemas.

>Enquanto Noé na arca ondulava,
>Em muitos problemas sua mente pensava.
>Quarenta dias no mar aguentou,
>Até que, enfim, a arca parou.

Há períodos na vida em que enfrentamos um verdadeiro dilúvio de problemas. Talvez o que nos deixe mais abatidos seja a quantidade deles, e não o tamanho. Todos nós temos momentos em que queremos dar um passo maior que a perna.

Quando nossa atitude sofre um desastre, temos duas alternativas: mudar a situação ou mudar a nós mesmos. Se for possível mudar a situação para melhor, devemos fazer isso. Se for impossível, precisamos nos ajustar às circunstâncias de forma positiva.

Antes da descoberta dos antibióticos, Robert Louis Stevenson, o grande escritor escocês, autor de *A ilha do tesouro*, ficava de cama frequentemente por causa de uma tuberculose crônica. Mas a doença nunca tirou seu otimismo. Uma vez, sua esposa o ouviu tossindo muito e disse a ele: "Espero que você ainda ache que o dia está lindo."

Stevenson olhou para os raios de sol refletidos na parede do quarto, e respondeu: "Acho, sim. Nunca vou deixar que uma fileira de frascos de remédio bloqueie meu horizonte."[1]

O apóstolo Paulo tinha a mesma atitude. Ele declarou:

De todos os lados somos pressionados, mas não desanimados; ficamos perplexos, mas não desesperados; somos perseguidos, mas não abandonados; abatidos, mas não destruídos.

2Coríntios 4:8-9

Aplicação

Problemas são:

Prenúncios — Ajudam a moldar o nosso futuro.
Lembretes — Não somos autossuficientes. Precisamos da ajuda de Deus e dos outros.
Oportunidades — Quebram a nossa rotina e nos forçam a pensar de forma criativa.

Bênçãos — Abrem portas pelas quais não passaríamos, em condições normais.

Lições — Cada novo desafio nos ensina alguma coisa.

Universais — Nenhum lugar ou pessoa está isento deles.

Mensagens — Eles nos alertam sobre um possível desastre.

Solucionáveis — Não existe problema sem solução.

O CONFLITO DA MUDANÇA

A terceira tempestade que pode causar um desastre na nossa atitude é o *conflito da mudança*.

Não há nada a que sejamos mais resistentes do que às mudanças. Muitas vezes, gostamos das recompensas que a mudança traz, mas o processo é quase insuportável. Somos criaturas de hábitos. Primeiro formamos os hábitos, depois eles nos formam. Somos o que fazemos frequentemente. É fácil enxergar o mundo apenas da nossa perspectiva. Quando isso acontece nos estagnamos e nossa mentalidade se estreita.

Leia as duas afirmações a seguir. Uma delas é verdadeira; a outra, não.

"Mudança traz crescimento."

"Crescimento traz mudança."

A primeira afirmação, "Mudança traz crescimento", só é verdadeira se tivermos a atitude certa. Com a atitude certa, toda mudança, quer positiva, quer negativa, será um aprendizado que resultará em crescimento. A incapacidade de controlar as mudanças já abalou muitas atitudes. Contudo, isso não precisa acontecer. Lembro-me de um Natal em que eu estava passando pelos departamentos de Skyline para desejar boas-festas a todos. Parei para falar com uma das assistentes voluntárias e perguntei:

— E então? Está pronta para o Natal?

Ela respondeu, sorrindo:

— Quase. Só falta encher o último ursinho.

Imaginando que ela estivesse fazendo os ursinhos para os netos, perguntei:

— Quantos netos a senhora tem?

— Nenhum — respondeu ela. — Mas, tudo bem. Eu adotei alguns da vizinhança. Percebi que, se queria ter uma família no Natal, era melhor eu começar a arranjar uns parentes.

Fui fazendo mais perguntas, e ela me contou alguns problemas que tivera com sua própria família. Quanto mais ela me contava, mais eu percebia que aquela senhora extraordinária se recusava a mergulhar na piscina de autopiedade em que tantos estão se afogando. O Natal dela seria adorável, e não solitário, só porque ela não permitia que sua atitude desmoronasse por causa de coisas que estavam fora de seu controle.

Infelizmente, há muitas pessoas parecidas com aquele homem do norte do estado americano Maine que tinha acabado de fazer cem anos. Um repórter de Nova York foi entrevistá-lo e comentou:

— Aposto que o senhor viu muitas mudanças nesses seus cem anos de vida.

O homem cruzou os braços, fechou a cara e disse, com um tom de indignação na voz:

— Sim, e cada mudança que acontece me deixa ainda mais velho!

Tenho passado muito tempo observando por que e quando as pessoas começam a resistir à mudança. Alguns lutam até atingir uma situação de conforto; aí, eles se acomodam e não querem mais crescer. Para a maioria das pessoas, alguma experiência negativa fez com que se retraíssem e dissessem "nunca mais".

Ah, se eles soubessem como essa atitude é nociva!

A mudança é essencial para que haja crescimento. Um famoso inventor disse certa vez: "O mundo odeia a mudança, mas ela é a única coisa que traz progresso." Quando percebem que a mudança é inevitável, as pessoas reagem de diversas maneiras. Alguns se retiram para seus abrigos antiaéreos emocionais e espirituais, e se recusam a tomar parte na ação. Um membro de uma congregação disse a seu pastor: "Para mim, é um alívio ver que nada mudou nesta igreja em trinta anos!" Meu coração chora por aquele pastor.

Há também aqueles que estão no extremo oposto, e mudam a cada nova rajada de vento. Eles pulam de um modismo para outro e estão sempre atrás de novidade. Os antigos hinos são jogados fora, as formas de adoração conhecidas são descartadas e até mesmo a terminologia tradicional é substituída por um jargão tão indecifrável, que pode deixar o pobre adorador em dúvida se Deus está conseguindo entender o que está acontecendo ali.

Porém, a dose certa de mudança pode nos fortalecer. Moisés usa uma ilustração interessante em Deuteronômio 32:11, em que ele descreve como a águia força os filhotes a deixarem o ninho e voar. O filhote quer ficar no ninho e ser alimentado, mas se continuar ali nunca usará suas grandes asas nem sentirá o prazer de voar nas alturas para as quais foi criado. Então, sua mãe tem que empurrá-lo para fora do ninho, pegá-lo sobre suas asas, se a altura da queda for grande, e repetir o processo até que ele aprenda a voar sozinho.

Você e eu gostamos de nossos ninhos e trabalhamos muito para construí-los. Isso explica por que ficamos aborrecidos quando Deus começa a "sacudir" o ninho. Deus quer que nós cresçamos. As almas tímidas oram: "Quem dera eu tivesse asas como a pomba; voaria até encontrar repouso!" (Salmos 55:6). Mas as corajosas clamam Isaías 40:31 e "voam alto como águias", desafiando o vento! Nem todo mundo cresce à medida que envelhece, e os que não crescem são geralmente os que fugiram do desafio da mudança.

A NOITE DO NEGATIVISMO

A quarta tempestade, e a que, entre as atitudes, provoca mais baixas do que qualquer outra, é a que eu chamo de *a noite do negativismo*.

Nossos pensamentos governam as nossas ações. Isso é um fato. Em Mateus 15:19 o Senhor Jesus diz: "Do coração saem os maus pensamentos, os homicídios, os adultérios, as imoralidades sexuais, os roubos, os falsos testemunhos e as calúnias." A questão é: somos governados por pensamentos positivos ou negativos? Da mesma forma que os pensamentos negativos provocam ações negativas, pensamentos positivos produzem ações positivas. Hoje somos quem somos e estamos onde estamos por causa dos pensamento que dominam nossa mente.

Nosso desafio é pensar positivamente em um mundo negativo. O pensamento negativo e o modo de viver produzido por ele nos prejudicam de diversas maneiras. Vejamos algumas delas.

1. O pensamento negativo cria nuvens em momentos cruciais, quando é preciso tomar uma decisão.

Nós ficamos tensos, em vez de relaxar. Um exemplo disso é quando temos que fazer uma prova. Um comentário muito comum quando estamos nos matando de tanto estudar é: "Espero que não caia esta pergunta. Tenho certeza de que não vou saber responder." Então, começa a prova e, pode apostar, a pergunta está lá; e o resultado é o que já se esperava. Acidente? Não. Profecia autorrealizada. Nós fomos negativos em relação à pergunta, declaramos nosso medo e reagimos de acordo com ele. Na próxima vez que você estiver estudando para um exame, diga: "Se algum dia eu for lembrar da resposta para esta questão, será no dia da prova."

2. As conversas negativas são contagiosas.

Havia um homem que morava na beira de uma estrada e vendia cachorro-quente. Como ele não escutava direito, não tinha rádio. Um dia, seu filho perguntou:

— Pai você não ouve rádio? Não lê as notícias? Estamos no meio de uma tremenda recessão. A situação na Europa está terrível e a do nosso país está pior ainda.

Ao ouvir isso, o pai pensou: "Bem, meu filho estudou, foi para a faculdade, lê os jornais e ouve rádio; ele deve saber do que está falando."

Então, aquele homem passou a comprar quantidades menores de pão e salsicha, tirou os letreiros e não se deu mais o trabalho de fazer propaganda na estrada para vender seus cachorros-quentes. Suas vendas despencaram da noite para o dia.

— Você estava certo, filho — disse ele, — estamos numa tremenda recessão.

Alguma vez, suas ações foram influenciadas pela atitude negativa de alguém?

3. O pensamento negativo faz os problemas parecerem maiores do que são.

Algumas pessoas tratam uma goteira no telhado como se fosse uma cachoeira. Elas veem um problema em cada solução.

A Lei de Murphy diz: "Nada é tão fácil quanto parece; tudo leva mais tempo que o esperado; se alguma coisa pode dar errado, ela vai dar errado, e no pior momento possível."

A Lei de Maxwell diz: "Nada é tão difícil quanto parece; tudo é mais gratificante do que se espera; se alguma coisa pode dar certo, ela vai dar certo, e no melhor momento possível."

4. O pensamento negativo limita a ação de Deus e o nosso potencial.

Uma das histórias mais tristes da Bíblia é o fracasso de Israel em entrar na terra prometida, narrado nos capítulos 13 e

14 do livro de Números. Essa história é um exemplo clássico de como um relatório negativo pode limitar a ação de Deus e de outras pessoas.

Doze espiões entraram em Canaã com as mesmas ordens, foram aos mesmos lugares, ao mesmo tempo, mas voltaram com conselhos diferentes. Para Josué e Calebe, a terra prometida era tudo que Deus disse que seria. O relatório deles foi: "Entramos na terra à qual você nos enviou, onde manam leite e mel! Aqui estão alguns frutos dela" (Números 13:27).

Os outros dez homens apresentaram um relatório negativo. Nos versículos 28 e 29 do capítulo 13, eles relatam os fatos sem fé:

> Mas o povo que lá vive é poderoso, e as cidades são fortificadas e muito grandes. Também vimos descendentes de Enaque. Os amalequitas vivem no Neguebe; os hititas, os jebuseus e os amorreus vivem na região montanhosa; os cananeus vivem perto do mar e junto ao Jordão.

No versículo 31, vemos que eles queriam alcançar seus objetivos sem depender de Deus: "Mas os homens que tinham ido com ele disseram: 'Não podemos atacar aquele povo; é mais forte do que nós.'"

Nos versículos 32 e 33, eles continuaram com os exageros, sem nenhum encorajamento:

> E espalharam entre os israelitas um relatório negativo acerca daquela terra. Disseram: "A terra para a qual fomos em missão de reconhecimento devora os que nela vivem. Todos os que vimos são de grande estatura. Vimos também os gigantes, os descendentes de Enaque, diante de quem parecíamos gafanhotos, a nós e a eles."

O resultado?

Naquela noite toda a comunidade começou a chorar em alta voz. Todos os israelitas queixaram-se contra Moisés e contra Arão, e toda a comunidade lhes disse: "Quem dera tivéssemos morrido no Egito! Ou neste deserto! Por que o Senhor está nos trazendo para esta terra? Só para nos deixar cair à espada? Nossas mulheres e nossos filhos serão tomados como despojo de guerra. Não seria melhor voltar para o Egito?" E disseram uns aos outros: "Escolheremos um chefe e voltaremos para o Egito!"

Números 14:1-4

Eles preferiram se contentar com o segundo lugar.

5. O pensamento negativo nos impede de ter prazer na vida.

Uma pessoa negativa não espera nada de uma bandeja de prata, a não ser que ela fique escurecida com a oxidação. Se você tem um vizinho negativo, peça a ele uma xícara de açúcar emprestada. Ele nunca vai esperar que você devolva. Chisolm, um pensador e "pai" dessa massa de pessoas negativas, disse: "Toda vez que parecer que as coisas estão melhorando, é porque tem algo que você não está vendo."

6. O pensamento negativo impede que outras pessoas tenham uma reação positiva.

Talvez este seja o maior perigo de um estilo de vida negativo: ele costuma controlar as ações das pessoas que você mais ama e influencia.

Até mesmo a resposta a uma pergunta depende em grande parte do modo como é feita. Como os vendedores experientes sabem muito bem, perguntas feitas de forma afirmativa ou negativa obterão uma resposta compatível do cliente na maioria dos casos.

Vou dar um exemplo. Um jovem estudante de psicologia que estava servindo o exército decidiu testar essa teoria. Designado para o rancho da tropa, sua tarefa era distribuir damascos como sobremesa.

— Você não quer damasco, quer? — perguntou ele aos primeiros soldados. Noventa por cento deles responderam que não.

Então, ele tentou a abordagem positiva:

— Você quer damasco, não quer?

Cerca de metade dos soldados respondeu:

— Ah, sim, claro. Vou pegar alguns.

Então, ele fez um terceiro teste, baseado na técnica de vendas fundamental do "este ou aquele". "Um pratinho de damascos ou dois?", perguntava ele. E apesar do fato de que a maioria dos soldados não gostava dos damascos do exército, 40% deles pegaram dois pratinhos, e 50% pegaram um.

O tipo mais comum de negativismo que põe limitações na vida dos outros é o que eu chamo de afirmação do tipo "terra plana". Esse tipo de afirmação é algo que a pessoa acredita ser verdadeiro por causa de algum acontecimento do passado ou porque lhe ensinaram daquela maneira. Aquilo não é verdade, mas a pessoa pensa que é. Desse modo, esse tipo de crença controla a mentalidade e a maneira de agir de muitos indivíduos.

A história está cheia de exemplos de pessoas que afirmaram categoricamente que uma coisa era impossível, e depois ficou provado que elas estavam enganadas. No início do século XX, uma quantidade impressionante de autoridades do mundo das ciências fez pouco caso da ideia do aeroplano. "Contrassenso, inutilidade", diziam eles. Ideia maluca.

Um dos mais importantes jornalistas científicos dos Estados Unidos foi um dos primeiros a dizer: "As experiências com o aeroplano são um desperdício de tempo e dinheiro."

Uma semana depois, em um campo esburacado de Kitty Hawk, na Carolina do Norte, os irmãos Wright taxiaram sua ideia maluca em uma pista improvisada e fizeram a humanidade decolar para dominar os ares. Mas, mesmo depois disso, os especialistas continuavam a desdenhar do aeroplano.

Marshall Foch, comandante das Forças Aliadas na França durante a Primeira Guerra Mundial, assistiu a uma exibição e disse: "É muito bom como esporte, mas não tem nenhuma utilidade militar."

Thomas Edison deu uma declaração de que os filmes sonoros nunca seriam populares. "Ninguém pagaria para ouvir sons vindos de uma tela", disse ele.

Edison também tentou convencer Henry Ford a abandonar a ideia de construir seu automóvel, ainda no início do projeto. "Não vale a pena", disse Edison, que era extremamente persistente em seus próprios projetos, ao jovem Ford. "Venha trabalhar para mim e faça alguma coisa realmente vantajosa."

Os especialistas aconselharam Benjamin Franklin a parar com aquela tolice de fazer experiências com raios. Para eles, aquilo era perda de tempo.

Ainda hoje, temos problemas com pessoas cuja mentalidade é do tipo "terra plana". Muitas de nossas pressuposições têm a tendência de engessar a criatividade e dificultar a realização plena do nosso verdadeiro potencial.

Para nos ajudar a compreender ainda melhor as manifestações dessa forma sutil de negativismo, fiz uma lista de algumas afirmações do tipo "terra plana":

"O líder já nasce líder."
"Os caras legais chegam em último lugar."
"O importante não é o que você conhece, mas quem você conhece."
"Burro velho não aprende."

Quando estamos condicionados a aceitar somente o que achamos que é verdade e a nos fechar para novas possibilidades positivas, acontece o seguinte:

Nós *vemos* o que *esperamos* ver, não o que *podemos* ver.
Nós *ouvimos* o que *esperamos* ouvir, não o que *podemos* ouvir.
Nós *pensamos* o que *esperamos* pensar, não o que *podemos* pensar.

Aplicação

Como você faz sua "terra plana" ficar redonda?

1. Identifique o motivo que o faz ser uma pessoa do tipo "terra plana".
2. Identifique as áreas em que você tem uma mentalidade do tipo "terra plana".
3. Identifique pessoas que possam ajudá-lo a mudar essa mentalidade limitante.
4. Avalie seu progresso constantemente.
5. Leia livros e ouça palestras motivacionais.
6. Aceite poucos pensamentos dogmáticos e radicais.
7. Não interprete nenhuma afirmação fora de seu contexto.
8. Leve em conta a fonte de cada afirmação.
9. Lembre-se de que a experiência pode limitar sua perspectiva, em vez de expandi-la.
10. Uma meta possível nem sempre é atingida rapidamente e recebida com entusiasmo.

Dois pensamentos para terminar:

Uma mentalidade de "terra plana" nos permite dormir em cima dela.

Uma mentalidade de "terra redonda" nos mantém em movimento ao seu redor.

Parte IV
Mudando sua atitude

11
PARA O ALTO E AVANTE!

Uma das grandes descobertas que fazemos — uma de nossas maiores surpresas — é perceber que somos capazes de fazer coisas que achávamos que jamais conseguiríamos. A maioria das grades que nos prendem estão dentro de nós, fomos nós mesmos que as colocamos ali; portanto, podemos removê-las.

Bem, a afirmação anterior contém uma notícia boa e outra ruim. A má notícia é que muitos dos nossos problemas são provocados por nós. A boa notícia é que, a partir de hoje, podemos nos libertar da prisão de atitudes ruins e começar a desfrutar da liberdade necessária para ter uma vida produtiva.

Nesta seção, vamos explicar um processo prático para ajudá-lo a resolver um problema de atitude. Para que o processo seja bem-sucedido, é necessário que você compreenda o seguinte:

1. O processo requer muita dedicação e muito esforço.
2. Nunca se pode dizer que o processo de mudança terminou. Portanto, para garantir melhores resultados, é aconselhável reler constantemente a seção IV.

3. Elimine imediatamente todas as desculpas usadas para justificar atitudes erradas. Encare a mudança com a sinceridade e a honestidade da pessoa que diz: "Sou eu que estou aqui precisando de oração."
4. Encontre um amigo que se disponha a acompanhar regularmente seu processo de mudança, encorajando-o e cobrando resultados.
5. Quando estiver lendo estas páginas, lembre-se de que você tem capacidade para mudar qualquer atitude que desejar.

A atitude individual é o assunto principal das palestras que dou ao redor do mundo. A maioria das pessoas está bem perto de se tornar o que Deus deseja que elas sejam. Eu vivo dizendo a essas pessoas: "Só o que falta é a atitude!" Minha maior alegria é poder ajudar centenas de pessoas a mudarem atitudes às quais se sentiam presas por toda a vida. A título de encorajamento, incluí neste capítulo o testemunho de uma vida que foi transformada por causa de uma mudança de atitude. Leia esta história e lembre-se de que pode acontecer o mesmo com você:

"Como imagina em sua alma, assim ele é" (Provérbios 23:7, ARA). Esse versículo tem um significado especial para mim. Senti na pele a influência das atitudes, pois minha postura diante da vida acabou criando dois homens diferentes.

A conversão a Cristo foi o divisor de águas da minha vida. Deixei de ser uma pessoa com atitudes negativas e passei a ter uma mentalidade positiva. Hoje em dia, todo mundo me considera uma pessoa positiva, mas ninguém me reconheceria 11 anos atrás. Minhas atitudes passaram por um processo de cura, reformulação e transformação.

Antes de me converter, minha atitude dependia do mundo à minha volta. Minha mentalidade estava de acordo com os valores do mundo. Fui criado em um lar destruído e aprendi que a vida era dura, uma luta constante pela sobrevivência. Eu tinha uma autoimagem negativa porque as pessoas que eram importantes para mim (família, amigos etc.) também tinham autoimagens negativas. As críticas e o negativismo se tornaram meu modo de viver porque eu copiava o exemplo das pessoas à minha volta. Os obstáculos e os problemas eram maldições que tínhamos que aguentar, não bênçãos disfarçadas que estavam ali para ser superadas e nos ensinar lições.

Minha sensação era a de que eu tinha recebido uma mão ruim no jogo da vida. Eu estava condenado a sempre tirar o "palitinho menor". Por causa disso, me tornei egocêntrico e egoísta. Eu só me importava em extrair o máximo da vida. Com essa postura negativa, nunca me sentia realizado. A própria vida parecia não ter nenhum sentido; sempre havia uma nuvem escura pairando sobre a minha cabeça.

As pessoas com quem me relacionava, os livros que eu lia, a música que ouvia e minha falta de conhecimento de Deus — tudo isso contribuiu para que minha atitude não fosse moldada de forma positiva.

Cristo entrou na minha vida em um momento muito importante. No momento em que eu estava me sentindo mais desanimado, ele me transformou em uma nova pessoa. Comecei a ver que "Cristo em mim" significava a transformação da minha mente. Não me tornei uma pessoa super positiva da noite para o dia, mas comecei imediatamente a enxergar a vida de maneira diferente.

O que passou a influenciar minhas atitudes foi a Palavra de Cristo em mim, e não mais o mundo à minha volta. Fiz a escolha consciente de viver segundo a Palavra de Deus. Tive que lutar várias vezes contra pensamentos negativos recorrentes, mas eu desejava de todo o coração ser diferente. Eu queria ser uma pessoa positiva. Eu queria ter a mente de Cristo.

À medida que fui aprendendo mais a respeito de Cristo, me submetendo à vontade dele e obedecendo ao seu comando, minha amargura em relação à vida foi desaparecendo. A vida tornou-se uma bênção, não um fardo. A vida agora estava cheia de oportunidades, não de obstáculos.

Tomei a decisão de procurar me cercar de exemplos positivos em que pudesse me espelhar. Li vários livros sobre pensamento positivo, ouvi pessoas positivas, me juntei a grupos de pessoas positivas. Saibam de uma coisa: essas mudanças não foram fáceis. Tive que combater aqueles velhos pensamentos algumas vezes. Mas a graça de Deus foi o fator-chave para a transformação da minha atitude mental.

Com certeza, esse homem passou por tremendas transformações. Toda vez que releio seu testemunho pessoal, percebo um grande crescimento em sua vida. Felizmente, ele é meu amigo, e tenho podido acompanhar de perto o sucesso de sua nova atitude positiva. Quando a mudança é bem-sucedida, olhamos para trás e dizemos que houve um crescimento.

A maioria das pessoas que têm atitudes negativas não percebe que as atitudes, em si, não têm barreiras. As únicas barreiras que aprisionam nossas atitudes são as que nós mesmos erguemos. As atitudes, assim como a fé, a esperança e o amor, podem vencer qualquer obstáculo. Agora que você compreende essa verdade, quero incentivá-lo a tomar as rédeas de suas atitudes e iniciar as mudanças necessárias.

12
A DECISÃO É SUA

Ou nós somos senhores de nossas atitudes, ou somos vítimas delas. É uma questão de decisão pessoal. A pessoa que somos hoje é resultado de decisões que tomamos ontem. Amanhã nos tornaremos aquilo que decidirmos hoje. Mudar significa decidir mudar.

Por favor, siga cuidadosamente o curso que traçar para sua mudança de atitude. No futuro, você ficará feliz de ter feito isso. Só você pode tomar a decisão de dar os primeiros passos que precisam ser dados; eles são os mais importantes. Sem fazer isso, será impossível prosseguir.

Decisão Nº 1: avalie suas atitudes

Isso vai levar algum tempo. Se possível, tente abstrair-se de suas atitudes. O objetivo deste exercício não é ver o seu "lado ruim", mas sim a "atitude ruim" que o impossibilita de ser uma pessoa mais realizada. Essa avaliação só o ajudará a fazer as mudanças cruciais depois que o problema for identificado.

O único motivo verdadeiro que nos leva a agir é o desejo de obter resultados. O processo de avaliação que veremos a seguir foi desenvolvido para ajudá-lo a buscar as respostas certas do modo mais eficaz.

Estágios de avaliação
1. Identifique sentimentos problemáticos. Que atitudes fazem com que você sinta maior negatividade acerca de si mesmo? Geralmente, pode-se perceber os sentimentos antes que o problema esteja claro. Escreva-os.
2. Identifique comportamentos problemáticos. Que atitudes lhe causam mais problemas ao lidar com outras pessoas? Escreva-as.
3. Identifique pensamentos problemáticos. Nós somos a soma dos nossos pensamentos. "Como imagina em sua alma, assim ele é" (Provérbios 23:7, ARA). Que pensamentos controlam sua mente o tempo todo? Embora identificar esses pensamentos seja o primeiro passo para corrigir problemas de atitude, isso não é tão fácil de fazer quanto identificar sentimentos e comportamentos.
4. Identifique pensamentos bíblicos. O que a Bíblia ensina sobre você, como pessoa, e sobre suas atitudes? Mais adiante nesta seção, falarei sobre uma perspectiva bíblica das atitudes corretas.
5. Firme um compromisso. A pergunta "O que eu preciso fazer para mudar?" agora se torna a afirmação "Eu preciso mudar!". Lembre-se de que a escolha de mudar é a única decisão que precisa ser tomada, e só você pode fazer isso.
6. Planeje e execute a sua decisão. Este é o processo que a seção 4 vai ajudá-lo a implementar.

Sugestão: Esta avaliação vai tomar bastante tempo. Se você tiver um amigo que o conheça bem e que esteja disposto a incentivá-lo, talvez seja bom pedir a ajuda dele.

Decisão nº 2: compreenda que a fé é mais forte que o medo

A única coisa que pode garantir nosso sucesso quando não temos certeza do resultado é ter fé, desde o início, de que temos condições de realizar a tarefa. Jesus disse a seus discípulos: "Eu lhes asseguro que, se vocês tiverem fé e não duvidarem, poderão [...] dizer a este monte: 'Levante-se e atire-se no mar', e assim será feito" (Mateus 21:21).

Existe uma forma bíblica de lidar com o medo de modo que possamos ter sucesso naquilo que nos dispusermos a fazer, sem sermos limitados pelo temor. A Igreja primitiva, conforme o livro de Atos dos Apóstolos, estava tendo um enorme crescimento. Entretanto, em Atos 4, narra-se que os cristãos se viram ameaçados por uma feroz oposição. Eles receberam ordem de parar de testemunhar, ou sofreriam graves consequências. Juntos, eles se retiraram para orar. Os versículos 29 a 31 registram o processo que usaram para combater o medo. Quando a transformação de suas atitudes começar, essa fórmula para vencer o medo lhe será muito útil.

Quatro passos para vencer o medo.
1. Compreenda que Deus vê os seus problemas.
   "Agora, Senhor, considera as ameaças deles [...]" (v. 29).

Os cristãos que estavam enfrentando dificuldades queriam ter certeza de que Deus estava vendo a perseguição que sofriam. Quando as coisas estão indo bem, nós não precisamos da certeza constante de que Deus está conosco. Mas, durante a batalha (e você terá batalhas), temos uma necessidade muito grande de segurança. A boa-nova é que o próprio Deus disse: *"Nunca o deixarei, nunca o abandonarei"* (Hebreus 13:5).

2. Peça a Deus para enchê-lo de confiança e amor maiores que o medo.
   "Capacita os teus servos para anunciarem a tua palavra corajosamente" (v. 29).

Eles pediram que mais coisas positivas enchessem seu coração e sua mente, pois perceberam que uma forma eficaz de diminuir o medo que sentiam era ter mais coragem. Achar que todas as apreensões, perguntas e intimidações desaparecerão e nunca mais nos assombrarão é ter uma expectativa irreal. Geralmente, tanto as coisas positivas quanto as negativas estão agindo na nossa vida ao mesmo tempo. Qual é o segredo para vencer? Tenha emoções positivas e busque reforços positivos que sejam mais fortes que os negativos.

3. Creia que Deus está operando um milagre em sua vida.
"Estende a tua mão para curar e realizar sinais e maravilhas por meio do nome do teu santo servo Jesus" (v. 30).

Eles agora oravam para que Deus agisse em favor deles com milagres, pois perceberam que o que precisava ser feito iria exigir esforço da parte deles e também uma intervenção divina. Observe que primeiro eles pediram força, e depois pediram que Deus fizesse a diferença.

O mesmo deve acontecer na nossa vida. Ponha as mudanças que você deseja que aconteçam em sua atitude, em seu modo de pensar e em seu comportamento no topo de sua lista de oração. Peça a Deus para ajudá-lo a fazer o que estiver ao seu alcance para que haja uma verdadeira mudança. Depois, peça-lhe para fazer por você o que está além de sua capacidade.

4. Seja cheio do Espírito Santo.
"Depois de orarem, tremeu o lugar em que estavam reunidos; todos ficaram cheios do Espírito Santo e anunciavam corajosamente a palavra de Deus" (v. 31).

Existe uma relação bem-definida entre o ser cheio do Espírito Santo e a coragem. Mais adiante, nesta seção, falarei mais sobre a necessidade de uma vida cheia do Espírito.

Conheço muitas pessoas que aplicam essa fórmula de quatro passos para lidar com o medo diariamente. Ela os protege e lhes dá força para lutar. Eu o aconselho a usar essa fórmula sempre que o medo ameaçar o seu progresso.

Agora você está se preparando para tomar uma atitude. Não tenha medo nem vacile. Não se pode pular um abismo dando dois pequenos saltos. O futuro vale o risco. Amanhã, você verá as mudanças que ocorreram e perceberá que elas o transformaram em uma pessoa melhor.

Há alguns anos, uma cidadezinha do Maine foi escolhida como o ponto onde seria construída uma grande usina hidrelétrica. Como a barragem seria construída de um lado ao outro do rio, o lugarejo ficaria submerso. Quando o projeto foi anunciado, as pessoas receberam um prazo de muitos meses para se prepararem e se mudarem para outro lugar.

Durante o tempo que antecedeu o início da construção da represa, aconteceu um fenômeno interessante. Todas as reformas e melhorias cessaram. Ninguém mais pintava a casa, não se reformavam mais os prédios, as casas, as ruas e as calçadas. A cada dia, a cidade parecia mais entregue às baratas. Muito antes que as águas começassem a subir, o aspecto da cidade já era de total abandono, embora seus habitantes ainda não tivessem se mudado. Um deles comentou: "Onde não há fé no futuro, não há força no presente." Aquela cidade estava sem esperança porque não tinha futuro.

Decisão Nº 3: escreva uma declaração de objetivo

Quando eu era garoto, meu pai decidiu construir uma quadra de basquete para meu irmão e eu brincarmos. Ele fez uma calçada de cimento, prendeu uma tabela na garagem e já estava pronto para encaixar a cesta quando foi chamado para atender uma emergência. Ele prometeu que instalaria o aro assim que voltasse. "Tudo bem", pensei, "eu tenho uma bola e uma calçada novinha para brincar." Durante alguns minutos, fiquei ali, batendo a bola no cimento. Mas logo aquilo perdeu a graça. Então peguei a bola e a atirei na tabela — uma vez. Deixei a bola correr para fora da quadra e não peguei mais até meu pai voltar para instalar o aro. Sabe por quê? Porque não é divertido jogar basquete sem ter uma meta. A graça está em ter alguma coisa para mirar.

Para ter diversão e direcionamento durante o processo de mudança de sua atitude, você deve estabelecer um objetivo bem claro. Esse objetivo deve ser o mais específico possível, redigido, assinado e com um prazo final para ser atingido. A declaração de propósito deve estar afixada em um local onde você a veja várias vezes ao dia, para que ela sirva de reforço. Aqui está um exemplo de uma declaração de objetivo:

> "Mudar minha atitude (especificamente, o pensamento negativo, comentários críticos a respeito dos outros e ressentimento), seguindo o procedimento descrito na seção IV deste livro. Para atingir plenamente meu objetivo, vou avaliar o andamento do processo e meu progresso diário com a ajuda de meu amigo encorajador. Na data de _____, espero que as outras pessoas já consigam perceber meu comportamento positivo."

Você alcançará seu objetivo se fizer estas três coisas, todos os dias:

1. Escreva especificamente o que pretende realizar a cada dia.

A história do encontro de Davi com Golias é uma bela ilustração da fé e de como ela pode vencer barreiras intransponíveis com recursos aparentemente insuficientes. Mas uma coisa me deixou perplexo quando comecei a estudar a vida de Davi. Por que ele pegou cinco pedras para sua funda quando estava indo ao encontro de Golias? Só havia um gigante. Pegar cinco pedras me pareceu ser um sinal de falta de fé da parte de Davi. Será que ele achou que iria errar, e aí teria mais quatro chances? Algum tempo depois, eu estava lendo o Segundo Livro de Samuel e encontrei a resposta. Golias tinha quatro filhos, de modo que havia cinco gigantes. Na conta de Davi, havia uma pedra para cada gigante! Ora, é isso que eu quero dizer quando afirmo que temos que ser específicos na nossa fé.

Quais são os gigantes que você tem de matar para transformar sua atitude no que ela deve ser? De que recursos você precisa? Não se deixe vencer pela frustração quando virerem os problemas. Derrube um gigante de cada vez. Os estrategistas militares ensinam seus exércitos a combaterem em um *front* de cada vez. Escolha qual a atitude que você quer mudar desta vez. Anote isso. À medida que você for vencendo as batalhas, anote suas vitórias. Isso será um incentivo para seguir em frente. Separe um tempo para ler suas conquistas.

2. A cada dia, diga a seu amigo encorajador o que você pretende realizar.

Crença é convicção interna; fé é ação externa. Se você verbalizar suas intenções, será encorajado e terá alguém cobrando resultados. Uma das maneiras de resolver nossos conflitos é verbalizá-los para nós mesmos ou para alguma outra pessoa. Essa prática também é vital para o desenvolvimento das atitudes que desejamos ter.

Conheço vendedores bem-sucedidos que repetem esta frase em voz alta cinquenta vezes pela manhã e cinquenta vezes à noite: "Eu consigo!" Dizer e ouvir constantemente essas declarações positivas ajuda-os a acreditar em si mesmos e a agir de acordo com essa crença. Aqui estão algumas sugestões:

ELIMINE COMPLETAMENTE ESTAS PALAVRAS E EXPRESSÕES DO SEU VOCABULÁRIO	INCORPORE ESTAS PALAVRAS E EXPRESSÕES AO SEU VOCABULÁRIO
1. *Eu não posso*	1. *Eu posso*
2. *Se*	2. *Eu vou*

3. Duvido	3. Conto com o melhor
4. Eu não acho	4. Eu sei
5. Não tenho tempo	5. Vou arranjar tempo
6. Talvez	6. Com certeza
7. Tenho medo	7. Estou confiante
8. Não acredito	8. Acredito realmente
9. (minimize o uso de) Eu	9. (use mais) Você
10. É impossível	10. Deus pode fazer

3. Ponha em prática o que escrever e verbalize o que escreveu diariamente.

Jesus nos ensina que a diferença entre o homem sábio e o tolo é o que cada um faz daquilo que aprendeu. O homem sábio põe em prática o que ouve, enquanto o tolo sabe, mas não pratica (ver Mateus 7:24-27).

O texto de Tiago 1:22-25 diz:

> Sejam praticantes da palavra, e não apenas ouvintes, enganando-se a si mesmos. Aquele que ouve a palavra, mas não a põe em prática, é semelhante a um homem que olha a sua face num espelho e, depois de olhar para si mesmo, sai e logo esquece a sua aparência. Mas o homem que observa atentamente a lei perfeita que traz a liberdade, e persevera na prática dessa lei, não esquecendo o que ouviu, mas praticando-o, será feliz naquilo que fizer.

Decisão Nº 4: Tenha o desejo de mudar

Nenhuma escolha será mais decisiva para o sucesso de sua mudança de atitude do que o desejo de mudar. Quando tudo o mais falhar, esse desejo pode mantê-lo firme na direção certa. Muitas pessoas conseguiram superar obstáculos intransponíveis para se tornarem pessoas melhores quando perceberam que era possível mudar, se desejassem aquilo com todas as suas forças, como irei ilustrar a seguir.

Certo dia, uma rã vinha pulando pelo caminho quando, de repente, caiu em um enorme buraco em uma estradinha rural. Ela tentou pular para fora de todas as maneiras, mas não conseguiu. Logo apareceu um coelho, viu a rã presa no buraco e se ofereceu para ajudá-la a sair. Mas o coelho também não conseguiu tirá-la dali. Vários animais da floresta apareceram para ajudar também, e cada um se empenhava mais que os outros. Mas não houve jeito de tirar a rã dali, e eles finalmente desistiram.

— Vamos voltar e pegar comida para você — disseram eles, — porque parece que você vai ficar aí por um bom tempo.

Porém, eles mal haviam saído para pegar comida quando ouviram a rã pulando para alcançá-los. Eles não conseguiam acreditar no que estavam vendo!

— Pensamos que você não conseguia sair! — exclamaram todos.

— Ah, eu não conseguia. Mas veio um caminhão enorme bem na minha direção, e tive que dar um jeito.

Quando "temos que sair dos buracos da vida" é que nós mudamos. Enquanto existirem opções aceitáveis, não mudaremos. Aparentemente, existem três momentos na vida em que estamos mais propensos a mudar. Primeiramente, quando estamos sofrendo tanto, que somos forçados a mudar. Jesus fala sobre um indivíduo assim no capítulo 15 do Evangelho de Lucas. A parábola do filho pródigo mostra que, quando alguém está no fundo de um chiqueiro, é possível cair em si e conseguir ajuda, voltando para a casa do pai.

Em segundo lugar, nossa receptividade à mudança também aumenta quando estamos entediados e ficamos inquietos. Todo mundo passa por isso em certos momentos da vida. Às vezes, a mãe se sente assim quando os filhos já estão todos na escola e ela tem mais tempo para se envolver com outras coisas. Também acontece quando nos sentimos estagnados no emprego e começamos a perder o interesse no trabalho que fazemos. Uma insatisfação pode ser saudável quando produz mudanças positivas. É triste quando a pessoa se sente tão satisfeita com sua vida, seus pensamentos e suas atividades que para de ter ambições maiores.

Em terceiro lugar, uma mudança tende a ocorrer quando percebemos que *podemos* mudar. Essa é a maior motivação de todas. Nada acende a chama do desejo de mudança mais rapidamente do que a súbita percepção de que não precisamos ser do mesmo jeito para sempre. Você não precisa mais levar o fardo das atitudes negativas. Você não tem nenhum motivo válido para se sentir constantemente amargo e ressentido em relação à vida, aos outros e a si mesmo. Você pode mudar!

Como acredito firmemente que as pessoas mudarão quando se derem conta de que isso é possível, sempre repito uma frase quando percebo confusão, dúvida, frustração e outros bloqueios mentais. Eu digo: "Sim, você pode." Já vi centenas de rostos se iluminarem diante dessas três palavras e de um sorriso encorajador.

A vida é dinâmica. Com todas as suas transições, surgem novas oportunidades de crescimento. O que era um fator limitante ontem pode já não ser hoje. Aceite a seguinte afirmação para sua vida: "Os próximos dias estão cheios das mudanças que são meus desafios. Vou encarar essas oportunidades com a confiança de que minha vida será melhor por causa delas. Com Deus, tudo é possível."

Decisão Nº 5: Viva um dia de cada vez

Todo mundo consegue enfrentar um dia de batalha. Nós só começamos a tremer quando acrescentamos os fardos daquelas duas terríveis eternidades: ontem e amanhã. Não são as experiências de hoje que levam os homens à loucura; é o remorso ou a amargura por algo que aconteceu ontem e o terror do que o amanhã possa trazer. Portanto, vamos viver apenas um dia de cada vez — hoje!

Davi, em sua oração por perdão (Salmos 51), pediu a Deus: "Esconde o rosto dos meus pecados" (v. 9). Ele sabia que o sucesso de hoje dependia da cura e do esquecimento do que havia acontecido ontem. A frase "o meu pecado sempre me persegue" (v. 3) descreve uma situação na vida de Davi que teria impedido a mudança que ele desejava obter. Desse modo, ele usou palavras objetivas para pedir que Deus realizasse cura espiritual em sua mente e em seu coração: "Apaga as minhas transgressões, [...] lava-me de toda a minha culpa, [...] purifica-me do meu pecado, [...] purifica-me, [...] lava-me, [...] faze-me ouvir de novo júbilo e alegria, [...] apaga todas as minhas iniquidades, [...] cria em mim um coração puro, [...] renova dentro de mim um espírito estável, [...] devolve-me a alegria da tua salvação, [...] livra-me" (vv. 1-2,7-10,12,14).

Assim como Davi, você deveria usar essas frases em oração e deixar que Deus o perdoe e cure seu passado. Só Deus pode curar o que aconteceu ontem e ajudá-lo a viver de modo produtivo hoje. Tudo aquilo que você não venceu no passado continua a incomodá-lo no presente.

Decisão nº 6: Mude seus padrões de pensamento

Aquilo que prende a nossa atenção é o que determina nossas ações. Nós somos o que somos e estamos onde estamos por causa dos pensamentos dominantes que ocupam nossa mente. William James disse: "A grande descoberta da minha geração foi a de que as pessoas podem mudar de vida se mudarem suas atitudes mentais." A passagem de Romanos 12:1-2 diz:

Irmãos, rogo-lhes pelas misericórdias de Deus que se ofereçam em sacrifício vivo, santo e agradável a Deus; este é o culto racional de vocês. Não se amoldem ao padrão deste mundo, mas transformem-se pela renovação da sua mente, para que sejam capazes de experimentar e comprovar a boa, agradável e perfeita vontade de Deus.

Duas coisas precisam ser ditas aqui para ressaltar o poder da nossa vida mental. Premissa maior: podemos controlar nossos pensamentos. Premissa menor: nossos sentimentos vêm dos nossos pensamentos. A conclusão a que podemos chegar é que podemos controlar o que sentimos se aprendermos a mudar uma coisa: a maneira como pensamos. É simples assim. Nossos sentimentos derivam de nossos pensamentos, logo, podemos alterá-los mudando o padrão de pensamento que seguimos.

O que determina a nossa felicidade é a nossa vida mental, e não as circunstâncias. Muitas vezes vejo pessoas convictas de que serão felizes quando atingirem determinado objetivo, mas, quando o atingem, não sentem a realização que esperavam.

Qual é o segredo para manter a tranquilidade? Encha sua mente com "tudo o que for verdadeiro, tudo o que for nobre, tudo o que for correto, tudo o que for puro, tudo o que for amável, tudo o que for de boa fama, se houver algo de excelente ou digno de louvor, pensem nessas coisas" (Filipenses 4:8). Paulo compreendeu essa verdade. Aquilo que prende a nossa atenção é o que determina nossas ações.

Decisão Nº 7: Cultive bons hábitos

Atitudes não são nada além de maneiras de pensar habituais. Esses diagramas circulares irão ajudá-lo a formar bons hábitos.

Esse ciclo pode ser positivo ou negativo. O processo de criação de um hábito, seja ele positivo ou negativo, é sempre o mesmo. É tão fácil desenvolver um hábito de alcançar vitórias quanto sucumbir ao hábito do fracasso. Observe os dois ciclos a seguir e veja a diferença.

Hábitos não são instintos; são ações ou reações adquiridas. Eles não acontecem, simplesmente; são causados por alguma coisa. Uma vez descoberta a causa original de um hábito, cabe a você aceitá-lo ou rejeitá-lo. A maioria das pessoas permite que seus hábitos as controlem. Quando esses hábitos são prejudiciais, eles comprometem nossas atitudes. A fórmula a seguir vai ajudá-lo a transformar maus hábitos em bons hábitos:

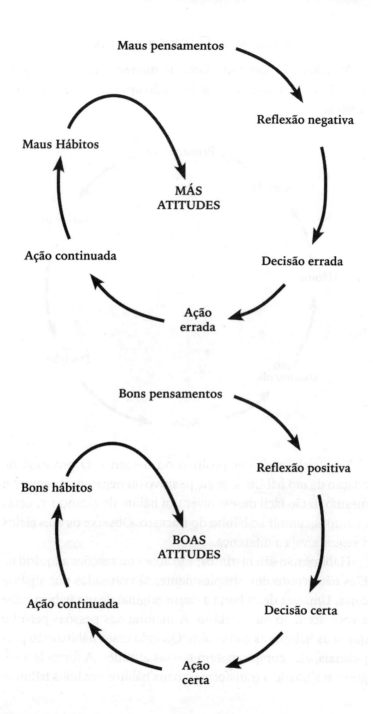

PASSO 1: Faça uma lista de seus maus hábitos.
PASSO 2: Qual foi a causa original?
PASSO 3: Quais são as causas acessórias?
PASSO 4: Descubra um hábito positivo para substituir o negativo.
PASSO 5: Reflita sobre esse bom hábito, seus benefícios e resultados.
PASSO 6: Comece a agir para desenvolver esse hábito.
PASSO 7: Exercite esse hábito diariamente para reforçá-lo.
PASSO 8: Recompense seu esforço identificando um dos benefícios gerados por seu bom hábito.

Decisão nº 8: Sempre escolha ter uma boa atitude

Só depois de tomada a decisão de ter uma atitude positiva, é que o trabalho realmente começa. Agora vem o processo de constantemente optar por crescer e manter a perspectiva certa continuamente. As atitudes têm uma tendência de voltar a seus padrões originais se não forem cuidadosamente protegidas e cultivadas.

"A pior coisa da ordenha das vacas", comentou um fazendeiro, "é que elas não ficam ordenhadas permanentemente." As atitudes também não costumam ficar mudadas para sempre. Há três estágios da mudança nos quais você precisa escolher deliberadamente a atitude certa.

Estágio inicial. Os primeiros dias são sempre os mais difíceis. Velhos hábitos são difíceis de mudar. O processo mental tem que estar sempre em guarda para orientar a ação certa.

Estágio intermediário. É o momento em que os bons hábitos começam a se enraizar, abrem-se novas opções e surgem novos desafios. Neste estágio ocorre a formação de novos hábitos, que podem ser bons ou maus. A boa notícia é: os semelhantes se atraem. Quanto mais escolhas certas você fizer, maior a chance de que bons hábitos se formem.

Estágio final. Nesta fase, o perigo é a acomodação. Todos nós conhecemos pessoas (talvez nós mesmos) que conseguiram perder peso e ficaram ótimas, mas depois voltaram a comer como antes e engordaram tudo de novo.

13
AS OPORTUNIDADES ESTÃO À SUA VOLTA

Depois de tomar a decisão de mudar de atitude, você está pronto para deixar que as oportunidades que se encontram ao seu redor façam dessa decisão um sucesso.

Oportunidade nº 1:
ENCONTRE UM AMIGO DISPOSTO A AJUDÁ-LO

Nós precisamos uns dos outros. Poucas pessoas conseguem ter sucesso sem ter um monte de outras pessoas torcendo por elas. As mudanças costumam nos intimidar. Além dessa intimidação natural diante das mudanças, a conscientização de que temos um longo caminho pela frente, até que as atitudes certas criem raízes na nossa vida, faz com que nos sintamos como aquelas duas vacas que estavam pastando quando viram um caminhão da cooperativa de produtores de leite passando na estrada. Na lateral do caminhão, estava escrito: LEITE PASTEURIZADO, HOMOGENEIZADO, PADRONIZADO E ENRIQUECIDO COM VITAMINA A. Uma das vacas virou-se para a outra e disse: "Isso faz a gente se sentir meio incompetente, não é?"

Para vencer esse sentimento de incapacidade, você precisa da ajuda de um amigo. Encontre alguém que tenha o mesmo espírito de Tenzing, o guia nativo de Edmund Hillary, primeiro explorador a chegar ao topo do monte Everest.

Quando estava descendo do pico, Hillary escorregou de repente. Tenzing enterrou sua machadinha no gelo, manteve a corda tensionada e impediu que os dois caíssem no precipício. Mais tarde, Tenzing recusou qualquer crédito por ter salvado a vida de Hillary; para ele, aquilo era algo perfeitamente natural. Como ele disse: "Os alpinistas sempre se ajudam."[1]

Tenzing percebeu que nunca fazemos nada pelos outros que não nos traga nenhum benefício. Existe uma lei da vida que, com o tempo, retribui o bem com o bem. Portanto, pedir a ajuda de alguém não só vai auxiliar você como vai abençoar a outra pessoa.

As condições necessárias para uma cooperação bem-sucedida são:

1. Um amigo com quem você possa se encontrar ou conversar diariamente;
2. Alguém que o ame e tenha um espírito encorajador;
3. Alguém com quem haja mútua honestidade e transparência;
4. Uma pessoa que tenha facilidade para resolver problemas;
5. Alguém com uma forte fé em Deus e que creia em milagres.

O livro de Atos dos Apóstolos começa com o entusiasmo da Igreja primitiva. Em meio a toda a alegria e o crescimento, vemos uma situação muito significativa — João e Pedro juntos no ministério e na comunhão. Por quê? João estava encorajando Pedro. Algumas semanas antes, Pedro havia negado seu Senhor e não estava se sentindo muito bem. De fato, ele queria voltar a pescar. João, o discípulo do amor, decidiu exercer seu ministério com Pedro. O texto de Atos 3 registra a cura milagrosa do aleijado, mas outra cura estava ocorrendo dentro de Pedro, quando João entrou com ele no templo. Será que a grandeza de Pedro foi, pelo menos em parte, resultado da aceitação de João? Encontre um amigo como João.

Oportunidade nº 2: ande com as pessoas certas

Certa manhã, entrei no meu gabinete em Skyline e vi este bilhete em cima da escrivaninha: "Bom dia, pastor Maxwell. Existem duas chaves para definir quem nós somos: (1) quem nós achamos que somos e (2) as pessoas com quem andamos."

Isso é uma grande verdade! Contudo, pensando sobre aquele bilhete, chego à conclusão de que grande parte de nossa autoimagem (quem nós achamos que somos) é determinada pelas nossas amizades. A aceitação de uma atitude muitas vezes depende do quanto ela vai reforçar ou abalar a imagem que achamos que os outros fazem de nós.

Dize-me com quem andas e eu te direi quem és. Muitas de nossas ideias, nossas características e nossos maneirismos são aprendidos com os amigos. Quando mudamos de atitudes negativas para positivas, muitas vezes é necessário mudar nossas amizades também. Não é por acaso que as crianças que tiram boas notas andam com outras crianças que também tiram boas notas. Ao aconselhar casais que estão com problemas no casamento, tenho observado que muitas vezes os amigos deles também estão com problemas conjugais.

As pessoas costumam achar que as circunstâncias são culpadas por seus problemas, mas geralmente é o grupo com o qual andamos, e não as circunstâncias, que faz toda a diferença na nossa vida. Circunstâncias boas com amigos ruins resultam em derrota. Circunstâncias ruins com bons amigos resultam em vitória.

Oportunidade Nº 3: escolha um modelo para seguir

Os comunicadores dizem que 90% de tudo que aprendemos é visual, 9% é auditivo e 1% vem através de outros sentidos. Nossa dependência do sentido da visão na aprendizagem é, sem dúvida, pelo menos parcialmente, um resultado da influência da televisão na nossa cultura. As mensagens visuais permanecem na memória por mais tempo que as auditivas. Você deve escolher alguém para seguir como modelo de modo a ter uma constante visualização daquilo que deseja ser. A simples decisão de mudar de atitude não é suficiente. É preciso que a imagem de quem você deseja ser esteja constantemente diante de seus olhos. Para alcançar a vida que deseja, é preciso agir, andar, falar e conduzir-se como a pessoa ideal que você imaginou para si mesmo. Pouco a pouco, o antigo eu morrerá e será substituído pelo novo.

Minhas atitudes foram modeladas pelo bom exemplo dos meus pais. Geralmente, quando dou palestras em conferências e tento ajudar pessoas a mudarem de atitude, uso várias ilustrações tiradas do meu convívio com eles. Certa vez, um casal que estava na plateia e queria desesperadamente encontrar uma solução para seus problemas um com o outro e com os filhos ouviu uma dessas histórias. Eles resolveram convidar meus pais para passarem uma semana na casa deles. Aquele período que passaram juntos ajudou bastante. Um dia, depois que meus pais já tinham ido embora, a mulher entrou no quarto de hóspedes, começou a orar e pediu a Deus que lhe desse a mesma sabedoria e as mesmas qualidades positivas de minha mãe, assim como o manto de Elias havia caído sobre o profeta Eliseu.

Comece a procurar alguém que o ajude a expandir os horizontes de sua vida. Se não conseguir encontrar ninguém, peça a Deus que envie um cristão com uma atitude vencedora. Peça a essa pessoa que o aceite como seu discípulo por alguns meses e desfrute da experiência do crescimento baseado em um modelo.

Oportunidade nº 4: aprenda com seus erros

No momento em que uma ideia surge em nossa mente, precisamos tomar uma decisão. Quando você se vê diante de uma oportunidade de crescimento, o que diz para si mesmo? Você se agarra àquela chance, tinindo de entusiasmo, e diz: "Posso fazer isso funcionar!"; ou a sufoca, dizendo: "É impraticável... muito difícil... acho que não vai dar certo"? Naquele momento, você escolhe entre o sucesso e o fracasso. Você ajuda a formar um hábito de pensamento positivo ou negativo por meio do que diz a si mesmo. Então, dê ao seu "melhor" eu uma chance de crescer. Forme o hábito de ter reações positivas, seguidas de ações positivas. Não podemos fazer com que o vento sopre na direção que desejamos, mas podemos ajustar nossas velas para que elas nos levem aonde queremos ir.

Você não pode controlar todas as circunstâncias. Você não pode tomar decisões certas que tragam bons resultados sempre. Mas pode sempre aprender com seus erros. A fórmula a seguir vai ajudá-lo a tirar o máximo proveito de seus erros.

Fórmula para vencer o fracasso

1. Reconhecer
O que é fracasso? Ele é permanente? Existe uma segunda chance? Complete esta frase fazendo um círculo em volta da resposta certa:

Uma pessoa é um fracasso quando
(a) comete um erro.
(b) desiste.
(c) alguém pensa que ela é um fracasso.

2. Recapitular

O fracasso deve ser nosso professor, não nosso agente funerário. O fracasso é um atraso, não uma derrota. Ele é um desvio temporário, não uma rua sem saída. Todo vencedor tem a grandeza de admitir seus erros, a inteligência de aprender com eles e a força para corrigi-los. A única diferença entre a pessoa malsucedida e a de sucesso é que a primeira está errada três vezes em cada cinco.

3. Refrear

Talvez o fracasso tenha sido causado por seus problemas pessoais e por coisas que lhe tiraram o sono. Se esse for o caso, comece a exercitar imediatamente a autodisciplina. Se o problema é você, controle-se. Lorde Nelson, o famoso herói naval britânico, sofreu de enjoo no mar a vida inteira. No entanto, o homem que derrotou a esquadra de Napoleão não deixou que a doença interferisse em sua carreira. Ele não aprendeu simplesmente a viver com sua fraqueza pessoal; ele a venceu. Quase todos nós temos nossos próprios "enjoos do mar". Para alguns, é um problema físico; para outros, psicológico. Geralmente, é uma batalha particular travada silenciosamente dentro de nós. Ninguém vai botar uma medalha no nosso peito por vencemos essa batalha, mas não existe nada que consiga diminuir nossa satisfação de saber que não nos rendemos.

4. Readaptar

Um famoso cirurgião plástico contou a história de um jovem que perdeu a mão na altura do pulso. Quando perguntou ao rapaz sobre sua deficiência, ele respondeu: "Eu não tenho deficiência. Só não tenho a mão direita." Algum tempo depois, o médico ficou sabendo que aquele rapaz era um dos principais artilheiros do time de futebol americano de sua escola. Portanto, o que conta não é o que você perdeu, mas o que lhe restou.

5. Retomar

Os erros marcam a estrada que leva ao sucesso. Quem não comete erros não faz progressos. Procure cometer um número razoável de erros. Eu sei que para alguns isso acontece naturalmente, mas existe um número muito grande de pessoas que têm tanto medo de errar que acabam tendo a vida engessada. Elas tomam tantas precauções, fogem tanto das mudanças, planejam tanto, que perdem o tipo de oportunidade inesperada que pode fazer sua vida decolar. Portanto, faça uma análise de seu histórico. Se você perceber que não cometeu muitos erros ao longo de um ano, veja se tentou tudo que deveria ter tentado.

Oportunidade Nº 5: tenha contato com experiências de sucesso

São necessárias cinco experiências positivas para superar uma situação negativa. Quando pensamos na possibilidade de fracasso, nossa tendência é ficarmos ansiosos e não agirmos. O medo é um sinal de alerta da natureza para fazermos alguma coisa, e nós o vencemos por meio da ação bem-sucedida.

Certa vez, ouvi um palestrante dizer: "Nós vencemos pela ação." Isso é só parcialmente verdade. Experiências que são continuamente malsucedidas podem aumentar nossa vontade de sair do jogo e sermos só espectadores no estádio da vida. Quando uma ação gera confiança e nos faz avançar mais um degrau na escada do sucesso, ela nos incentivará a enfrentar novos desafios.

Aprendi isso quando jogava basquete no Ensino Médio. Houve um ano em que o nosso técnico teve uma ideia "brilhante" que ia nos ajudar a melhorar a precisão nos lances livres. Ele substituiu o aro padrão por um menor. Ele achava que se nós fizéssemos a cesta com o aro menor seria moleza na hora do jogo. Vi meus companheiros treinarem os arremessos com o aro pequeno. Eles erravam a cesta toda hora e pareciam frustrados. Como eu era o capitão do time e fazia 80 por cento dos arremessos da linha de lance livre, decidi conversar com o treinador com muito tato. Minha teoria era o oposto da dele. Eu achava que errar constantemente os lances livres iria criar uma imagem de fracasso que acabaria fazendo o time errar também na hora do jogo. E foi exatamente o que aconteceu! Lembrando daquele incidente agora, fico pensando no que teria acontecido se o treinador tivesse instalado aros maiores na tabela.

Nada nos intimida mais do que o fracasso constante. Nada nos motiva mais do que o sucesso constante. Assim, descobri que as pessoas mudam mais rapidamente se forem constantemente colocadas em situações nas quais podem ter sucesso. Acreditando nisso, um dia saí disposto a ensinar minha filha, Elizabeth, como rebater uma bola com o bastão de beisebol. Eu não queria que ela parasse de balançar o bastão só porque podia errar a bola, porque isso daria a ela uma sensação de fracasso. Então, disse o seguinte: "Elizabeth, o que você tem que fazer é balançar o bastão. Eu tenho que acertar a bola nele quando lançar."

Elizabeth começou a balançar o bastão sem medo. Ela não tinha nada a perder! Toda vez que balançava o bastão, ela era um sucesso. O problema é que eu não conseguia acertar o bastão quando atirava a bola. Finalmente, depois de muitos balanços e um número de erros igual, Elizabeth largou o bastão no chão, olhou para mim com ar de censura e disse: "Pai! Você não consegue acertar o bastão!"

Comece hoje mesmo a ter contato com pessoas e experiências de sucesso. Leia livros que o ajudem a ser uma pessoa melhor. Encontre algo que consiga fazer bem, e o faça sempre. Ajude alguém que precisa de seus dons espirituais a se tornar uma pessoa melhor. Alimente suas atitudes certas e, antes que você possa perceber, as erradas estarão morrendo de fome. Anote seus sucessos e releia suas anotações constantemente. Fale sobre seu crescimento com aqueles que estão interessados no seu progresso e que já possuem excelentes atitudes. Separe um tempo diariamente para se parabenizar por seus avanços e agradecer aos outros por tornarem possível essa mudança de atitude.

14

O DEUS QUE ESTÁ ACIMA DE NÓS

E. Stanley Jones fez uma afirmação impressionante: "Qualquer coisa que seja menor que Deus vai desapontá-lo." E depois explicou: "Qualquer coisa que seja menor que Deus não está enraizada na realidade eterna. O fracasso faz parte de sua natureza." Toda dificuldade que o ser humano possa enfrentar tem uma graça de Deus correspondente. Em outras palavras: Para cada uma das nossas necessidades, existe um recurso sobrenatural. Para cada problema bem definido, existe uma resposta bem definida. Para cada ferida, existe uma cura. Para cada fraqueza, existe uma força. Para cada dúvida, existe orientação.

Deus socorre e fortalece nossa vida por meio de vários recursos, durante o processo de mudança.

Recurso nº 1: a Palavra de deus

Quando as verdades da Bíblia inundam a mente e o coração, nossas atitudes só podem melhorar. A Palavra de Deus está repleta de pessoas que demonstram constantemente que o relacionamento correto com Deus dá ao ser humano uma mentalidade sadia. Paulo é um dentre muitos exemplos.

Certo bispo anglicano comentou: "Não sei por que, em todo lugar que o apóstolo Paulo ia, acontecia uma revolução e, em todo lugar que eu vou, me oferecem uma xícara de chá."

Hoje em dia, temos uma vida relativamente fácil. Porém, mal o apóstolo Paulo pisava em uma cidade, explodia uma revolta. Era como se ele estivesse sempre se metendo em confusão. Durante sua primeira viagem missionária, ele foi apedrejado e dado como morto. Em sua segunda viagem missionária, escapou de ser preso sob a acusação de provocar distúrbios. Ao longo da vida, Paulo passou por terríveis tribulações: prisões, açoites, espancamentos, naufrágios, pobreza, exaustão. Dificilmente o tipo de "vida cristã vitoriosa" que imaginamos, não é? Mas, apesar de suas intensas provações e sofrimentos, Paulo sempre manteve uma atitude de gratidão e alegria. Ao ser lançado no cárcere, o que ele fez? Murmurou e se queixou? Não! Ele cantou hinos de louvor a Deus (ver Atos 16:25). Uma segunda vez foi jogado na prisão, e lá encorajou os companheiros, dizendo: "Alegrem-se sempre no Senhor. Novamente direi: alegrem-se!" (Filipenses 4:4). A atitude dominante de Paulo, diante de qualquer circunstância, era a alegria. Mas de onde vinha essa alegria?

Talvez a leitura da Carta de Paulo aos Romanos nos ajude a entender melhor as razões por trás de sua vida vitoriosa. O Capítulo 8 apresenta o que chamamos de "Pilares da fé para uma atitude cristã positiva."

Primeiro pilar: "Sou realmente importante."

Sabemos que Deus age em todas as coisas para o bem daqueles que o amam, dos que foram chamados de acordo com o seu propósito. Pois aqueles que de antemão conheceu, também os predestinou para serem conformes à imagem de seu Filho, a fim de que ele seja o primogênito entre muitos irmãos. E aos que predestinou, também chamou; aos que chamou, também justificou; aos que justificou, também glorificou (vv. 28-30).

A consciência da minha importância aumenta quando me dou conta de que fui chamado "de acordo com o seu propósito" (v. 28); predestinado para ser conforme "à imagem de seu Filho" (v. 29); chamado, justificado, glorificado (v. 30).

Segundo pilar: "Estou realmente seguro."
Que diremos, pois, diante dessas coisas? Se Deus é por nós, quem será contra nós? Aquele que não poupou a seu próprio Filho, mas o entregou por todos nós, como não nos dará juntamente com ele, e de graça, todas as coisas? Quem fará alguma acusação contra os escolhidos de Deus? É Deus quem os justifica. Quem os condenará? Foi Cristo Jesus que morreu; e mais, que ressuscitou e está à direita de Deus, e também intercede por nós. Quem nos separará do amor de Cristo? Será tribulação, ou angústia, ou perseguição, ou fome, ou nudez, ou perigo, ou espada? Como está escrito: "Por amor de ti enfrentamos a morte todos os dias; somos considerados como ovelhas destinadas ao matadouro". Mas, em todas estas coisas somos mais que vencedores, por meio daquele que nos amou. Pois estou convencido de que nem morte nem vida, nem anjos nem demônios, nem o presente nem o futuro, nem quaisquer poderes, nem altura nem profundidade, nem qualquer outra coisa na criação será capaz de nos separar do amor de Deus que está em Cristo Jesus, nosso Senhor (vv. 31-39).

Quando sei que estou seguro em Cristo, posso me dar ao luxo de correr riscos na vida. Só os inseguros não se arriscam a fracassar. Os seguros podem ser honestos a respeito de si mesmos. Eles podem admitir o fracasso, são capazes de pedir ajuda e tentar de novo, e podem mudar.

Lembre-se das palavras que Deus disse a Jeremias: "Há alguma coisa difícil demais para mim?" (32:27). Foi a Bíblia, e não Norman Vincent Peale, quem primeiro disse: "Tudo é possível àquele que crê" (Marcos 21:22). As Escrituras, e não Robert L. Schuller, disseram primeiro: "E tudo o que pedirem em oração, se crerem, vocês receberão" (Mateus 21:22). A Palavra de Deus nos dá encorajamento e orientação para mudar nossa vida.

Recurso nº 2: oração

A Bíblia mostra muitas orações extraordinárias que foram eficazes, mas breves. A passagem de Salmos 25:1-10 é uma oração curta, simples e sincera. Também é uma oração bem-sucedida. A Oração do Senhor tem cerca de setenta palavras (Compare isso com as 26.911 palavras de um documento do governo estabelecendo o preço do repolho).

O texto de Salmos 25 descreve uma pessoa que escolheu o caminho certo, mas descobriu que ele não é sempre fácil. O caminho está repleto de inimigos cuja maior vontade é envergonhar os fracos. O viajante também é assolado por dúvidas sobre si mesmo, ao lembrar-se dos desvios e fracassos do passado. Ele precisa entender que é extremamente difícil percorrer a estrada sem a companhia e a amizade de Deus.

O salmista, atribulado por causas exteriores e interiores, parou por um momento, à beira do caminho. Ele sabe que não pode voltar, mas não faz ideia de como continuar. Assim, ele pede a Deus que o ajude a se manter firme em sua decisão de seguir pelo caminho certo.

Esse homem de oração nos ensina cinco coisas nos versículos 1-10:

1. Ele sabe em que direção deve procurar por socorro.

A ti, Senhor, elevo a minha alma (v. 1).

O humanista só olha para os recursos humanos disponíveis. O cristão olha imediatamente para Deus. O homem de oração percebe que as bênçãos de Deus não são opcionais. Elas são necessárias.

2. *Ele sabe em quem confiar.*

> Em ti confio, ó meu Deus. Não deixes que eu seja humilhado, nem que os meus inimigos triunfem sobre mim! Nenhum dos que esperam em ti ficará decepcionado; decepcionados ficarão aqueles que, sem motivo, agem traiçoeiramente (vv. 2,3).

Uma atitude de confiança é a chave para uma oração eficaz, baseada no caráter de Deus. Nossa confiança tem que estar direcionada a Deus.

3. *Ele conhece o propósito da oração.*

> Mostra-me, Senhor, os teus caminhos, ensina-me as tuas veredas; guia-me com a tua verdade e ensina-me, pois tu és Deus, meu Salvador, e a minha esperança está em ti o tempo todo (vv. 4,5).

O propósito da oração é gerar uma mudança. Richard Foster diz:

> Orar é mudar. A oração é a via principal que Deus usa para nos transformar. Se não estivermos dispostos a mudar, abandonaremos a oração como característica marcante de nossa vida. Quanto mais oramos, mais nos aproximamos do pulsar do coração de Deus. A oração inicia o processo comunicativo entre nós e Deus. Todas as opções da vida caem diante de nós. Nesse ponto, ou abandonamos nossa vida de oração e paramos de crescer, ou continuamos orando e deixamos que

ele nos transforme. Qualquer uma das opções é dolorosa. Não crescer até nos tornarmos à semelhança de Deus significa não desfrutar de sua plenitude. Quando isso acontece, as prioridades do mundo começam a se desvanecer.[1]

Quando oramos, pedindo a Deus que mude uma situação, ele geralmente começa por nós.

4. Ele conhece a base da oração.

Lembra-te, Senhor, da tua com paixão e da tua misericórdia, que tens mostrado desde a antiguidade. Não te lembres dos pecados e transgressões da minha juventude; conforme a tua misericórdia, lembra-te de mim, pois tu, Senhor, és bom (vv. 6,7).

O salmista não pode se aproximar de Deus com base em sua própria grandeza. Por isso, ele o faz "conforme a tua misericórdia." A mudança de Davi estava baseada em quem Deus é, e não no que ele faz.

5. Ele conhece o resultado da oração.

Bom e justo é o Senhor; por isso mostra o caminho aos pecadores. Conduz os humildes na justiça e lhes ensina o seu caminho. Todos os caminhos do Senhor são amor e fidelidade para com os que cumprem os preceitos da sua aliança (vv. 8-10).

Recurso nº 3: o Espírito Santo

No Novo Testamento, há cerca de trezentas referências ao Espírito Santo. A palavra com a qual ele é constantemente associado é *poder*. Em João 16:4-16, Jesus ensina claramente a necessidade do Conselheiro em nossa vida. Os discípulos estavam inseguros em relação ao futuro, e Jesus disse:

> Estou lhes dizendo isto para que, quando chegar a hora, lembrem-se de que eu os avisei. Não lhes disse isso no princípio, porque eu estava com vocês. Agora que vou para aquele que me enviou, nenhum de vocês me pergunta: "Para onde vais?" Porque falei estas coisas, o coração de vocês encheu-se de tristeza. Mas eu lhes afirmo que é para o bem de vocês que eu vou. Se eu não for, o Conselheiro não virá para vocês; mas se eu for, eu o enviarei. Quando ele vier, convencerá o mundo do pecado, da justiça e do juízo. Do pecado, porque os homens não creem em mim; da justiça, porque vou para o Pai, e vocês não me verão mais; e do juízo, porque o príncipe deste mundo já está condenado. Tenho ainda muito que lhes dizer, mas vocês não o podem suportar agora. Mas quando o Espírito da verdade vier, ele os guiará a toda a verdade. Não falará de si mesmo; falará apenas o que ouvir, e lhes anunciará o que está por vir. Ele me glorificará, porque receberá do que é meu e o tornará conhecido a vocês. Tudo o que pertence ao Pai é meu. Por isso eu disse que o Espírito receberá do que é meu e o tornará conhecido a vocês. Mais um pouco e já não me verão; um pouco mais, e me verão de novo.

Jesus afirmou que era para o nosso "bem" que ele partiria, para que o "Conselheiro" pudesse ser enviado para nós. O "Espírito da verdade" nos guiará e glorificará a Jesus. Em Atos dos Apostólos, lemos que nosso Senhor estava pronto para voltar para o Pai. Cercado por alguns poucos seguidores, Jesus proferiu estas importantes últimas palavras:

> Certa ocasião, enquanto comia com eles, deu-lhes esta ordem: "Não saiam de Jerusalém, mas esperem pela promessa de meu Pai, da qual lhes falei. Pois João batizou com água, mas dentro

de poucos dias vocês serão batizados com o Espírito Santo. Então os que estavam reunidos lhe perguntaram: "Senhor, é neste tempo que vais restaurar o reino a Israel?" Ele lhes respondeu: "Não lhes compete saber os tempos ou as datas que o Pai estabeleceu pela sua própria autoridade. Mas receberão poder quando o Espírito Santo descer sobre vocês, e serão minhas testemunhas em Jerusalém, em toda a Judéia e Samaria, e até os confins da terra."

ATOS 1:4-8

Jesus prometeu que eles receberiam poder quando o Espírito Santo fosse recebido. Antes do Pentecostes, os discípulos eram, no máximo, uma equipe duvidosa. Dos doze originais, Judas já tinha saído. Tiago e João certamente precisavam ser questionados a respeito de suas motivações e desejos políticos. Tomé era constantemente dominado pela dúvida. E havia Pedro — numa hora fazia algo glorioso e noutra fugia; declarava verdades, depois as desdizia. Quais eram os planos dele depois da morte de Jesus? Ele ia voltar a pescar.

Jesus havia passado três anos com os discípulos. Eles tinham ouvido seus ensinamentos, mas precisavam de algo mais que apenas aprender. Ele tinha feito muitos milagres, mas eles estavam frustrados com suas próprias tentativas humanas. Atendendo a um pedido dos discípulos, Jesus lhes ensinou a orar, mas faltava poder na vida deles. A disciplina do Senhor ainda não tinha dado ao seu pequeno grupo de seguidores a eficiência de que eles necessitavam para dar início à igreja primitiva. Jesus sabia do que eles precisavam. Por isso, os encorajou a esperar pelo enchimento do Espírito Santo.

Eles esperaram, e sua vida recebeu o enchimento do Espírito. A Igreja primitiva foi inaugurada! O tema daquele grupo crescente de cristãos era "vamos seguir em frente, em meio à tempestade". A Igreja neotestamentária do livro de Atos enfrentou sete problemas complicados. Ao superar cada um deles, a Igreja crescia mais um pouco e a Palavra de Deus se multiplicava. Os retrocessos eram transformados em trampolins. Obstáculos eram transformados em oportunidades. Barreiras acabavam se revelando como verdadeiras bênçãos. Covardes se transformaram em corajosos. Por quê? Porque os que faziam parte da Igreja estavam cheios do Espírito Santo.

Você também pode ter acesso a esse mesmo poder.

A partir o momento em que tomar a decisão de mudar e puser em prática seus projetos de mudança, lembre-se de que não está sozinho. A passagem de 1João 4:4 diz: "Filhinhos, vocês são de Deus e os venceram, porque aquele que está em vocês é maior do que aquele que está no mundo."

Você sentirá esse poder triunfante, se você lembrar sempre do seguinte:

A FÓRMULA DO SUCESSO ESPIRITUAL

Se quiser ser magoado — olhe para dentro.
Se quiser ser derrotado — olhe para trás.
Se quiser ser desviado — olhe em volta.
Se quiser ser desanimado — olhe para frente.
Se quiser ser liberto — olhe para cima!

CANAIS DE MUDANÇA

Leia este quadro todos os dias. O objetivo dele é:

1. Incentivá-lo em seu processo de mudança.
2. Orientá-lo para que você não perca o ânimo.
3. Fornecer-lhe o tipo certo de informação.

Lembre-se: para que haja progresso é preciso haver mudança.

I. A ESCOLHA É SUA

Escolha 1: Avalie suas atitudes atuais (Filipenses 2:5).
Minhas atitudes estão agradando a Cristo e a mim?

Escolha 2: Pense: sua fé é maior que o medo (Mateus 21:21)?
Estou pondo minha fé em ação para combater os temores que tenho hoje?

Escolha 3: Declare seu propósito por escrito (Filipenses 3:13-14).
Eu escrevi, verbalizei e segui um plano para mudar minha atitude?

Escolha 4: Avalie se você deseja realmente mudar (Salmos 37:4).
É possível mudar *se* eu realmente desejar isso de todo o coração. Será que estou disposto a pagar o preço?

Escolha 5: Viva um dia de cada vez (Mateus 6:34).
Estou deixando que os problemas de amanhã consumam minha energia de hoje?

Escolha 6: Mude sua maneira de pensar (Filipenses 4:8).
O que atrai nossa atenção é o que determina nossas ações. Estou pensando nas coisas certas?

Escolha 7: Cultive bons hábitos (Deuteronômio 6:5-9).
Estou pondo em prática hábitos positivos para acabar com os negativos?

Escolha 8: Escolha sempre a atitude certa (Provérbios 3:31).
Será que estou constantemente escolhendo mudar?

II. VOCÊ ESTÁ CERCADO DE OPORTUNIDADES

Oportunidade 1: Peça a ajuda de um bom amigo (Deuteronômio 32:30).
Estou me encontrando regularmente com um amigo que me ajude?

Oportunidade 2: Ande com as pessoas certas (Tiago 4:4).
Meus amigos estão me ajudando a mudar ou estão me atrapalhando?

Oportunidade 3: Escolha um modelo para seguir (Filipenses 4:9).
Estou passando tempo com uma pessoa que admiro?

Oportunidade 4: Aprenda com seus erros (João 8:11).
Que erros cometidos por mim recentemente provocaram mudanças em minha atitude?

Oportunidade 5: Entre em contato com experiências de sucesso (Lucas 11:1).
Que acontecimento positivo eu vou vivenciar ou que pessoa positiva vou ver hoje?

III. SUA FORÇA VEM DE DEUS

Força 1: A Palavra de Deus (2Timóteo 3:16-17).
Estou recebendo alimento diário da Palavra de Deus?

Força 2: A oração (Tiago 5:16).
Estou orando diariamente e especificamente sobre minha atitude?

Força 3: O Espírito Santo (1João 4:4).
Estou deixando que o Espírito Santo me encha continuamente?

NOTAS

Capítulo 2
1. John H. Sammis, "Crer e Observar", composto por Daniel Brink Towner, 1887. [Cantor Cristão 301, trad.: Salomão Luiz Ginsburg.]

Capítulo 3
1. J. Sidlow Baxter, *Awake, My Heart* (Grand Rapids, Michigan: Zondervan Publishing House, 1960), p. 10.

Capítulo 6
1. Tim LaHaye, *Temperamento controlado pelo Espírito* (São Paulo: Loyola, 2004).

Capítulo 7
1. Edgar A. Guest, *"It Couldn't Be Done"*, acessado em 4 de dezembro de 2013, http://www.poetryfoundation.org/poem/173579. [Trad.: Lucília Marques.]

Capítulo 8
1. Judith Viorst, *Alexander and the Terrible, Horrible, No Good, Very Bad Day* (New York: Atheneum Publishers, 1976).

CAPÍTULO 9
1. *The Church of Christ at Sycamore Chapel*, Ashland City, Tennessee, Boletim de 24 de maio de 1998, p. 3.
2. Harold Sherman, *How to Turn Failure into Success* (Upper Saddle River, New Jersey: Prentice Hall, 1958). [*Sucesso na arte de viver*; trad.: Eneas Camargo (São Paulo: IBRASA, 1999)]

CAPÍTULO 10
1. The Christophers, *Better to Light One Candle* (New York: Continuum, 1999).

CAPÍTULO 13
1. Mitch Anthony, *Your Clients for Life* (Chicago, Illinois: Dearborn, 2002), p. 1.

CAPÍTULO 14
1. Richard Foster, *Celebration of Discipline*, 3rd ed. (San Francisco, California: Harper Collins, 2002) [*Celebração da Disciplina*, Ed. de aniversário (São Paulo: Vida, 2008)].

GUIA DE ESTUDO

Capítulo 1
É um pássaro... É um avião... Não, é uma atitude!

1. Imagine que você é o piloto e está no *cockpit* do avião. Vamos lá! Você consegue! Você está voando. Qual medidor você consultaria para monitorar o desempenho do avião? Como você poderia controlar seu desempenho?

2. Agora se imagine sentado no *cockpit* de sua vida. Qual o fator mais importante para o seu desempenho espiritual, mental e físico, independentemente das "condições atmosféricas" que possa vir a enfrentar?

3. Avalie sua atitude em relação ao padrão atribuído a Jesus pelo apóstolo Paulo. Dê a nota 5 se você se considerar realmente bom naquela atitude em particular.

    a. Sou altruísta.
    ☐ 0   ☐ 1   ☐ 2   ☐ 3   ☐ 4   ☐ 5

b. Sou confiante

☐ 0   ☐ 1   ☐ 2   ☐ 3   ☐ 4   ☐ 5

c. Sou submisso a Deus.

☐ 0   ☐ 1   ☐ 2   ☐ 3   ☐ 4   ☐ 5

Agora, se quiser saber como outras pessoas o veem, peça a seu cônjuge ou a um amigo íntimo para avaliá-lo.

4. De acordo com Romanos 12:1-2, o que tem que acontecer para que nossa atitude reflita a vontade de Deus para nós?

5. Escolha apenas uma situação incômoda de sua vida que esteja afetando sua atitude. Aplique o tríplice processo de louvor do rei Davi. Descreva de que modo o processo se aplica à sua vida.

   a. O louvor começa com a vontade (v. 1).
   b. O louvor gera as emoções (v. 2).
   c. O louvor contagia os outros (vv. 2-3).

6. Faça o teste indicador de atitude.

   Nunca esteve melhor   ☐ *Sim*   ☐ *Não*
   Nunca esteve pior   ☐ *Sim*   ☐ *Não*
   Nariz para cima   ☐ *Sim*   ☐ *Não*
   Nariz para baixo   ☐ *Sim*   ☐ *Não*

Capítulo 2
Atitude: o que é isso?

1. Lembre-se de alguma época em que sua atitude foi:
   - positiva.
   - negativa.

2. Avalie o impacto sobre sua família, igreja, trabalho e ambiente. O objetivo deste exercício não é julgar, mas simplesmente tentar avaliar o impacto das nossas atitudes.

   "Essa é a minha personalidade" — você diz. De que modo o tipo de personalidade influencia nossas atitudes em relação aos outros? E em relação às situações que ocorrem durante a vida?

3. Como as expressões faciais e a linguagem corporal afetam as pessoas em um grupo? Como elas afetam o palestrante?

4. O que sua expressão facial e sua linguagem corporal predominantes comunicam em casa? No trabalho? Em situações sociais?

5. Qual é a conexão entre a obediência a Cristo e nossa atitude?

6. Em que situações podemos aprender a confiar no Senhor por meio da obediência? Use o exemplo das bodas de Caná.

7. Em que sentido sua atitude pode ser considerada "a bibliotecária do seu passado"?

Capítulo 3
Atitude: por que ela é importante?

1. Se você tem recebido críticas, o que isso pode indicar a seu respeito?

2. Embora a resposta deva ser óbvia, qual é a principal força que determina se iremos fracassar ou ter sucesso?

3. Como você sente que o mundo o está tratando? Faça um círculo em volta de sua resposta:

   a. De um modo terrível.
   b. Mais ou menos.
   c. Na média.
   d. De forma excelente.

4. Se sua resposta foi "de modo terrível" ou "mais ou menos", diga se você concorda ou discorda com a afirmação do autor: "Às vezes, a prisão de descontentamento foi construída por nossas próprias mãos". Caso discorde, explique o porquê.

5. O que podemos aprender com as declarações que o apóstolo Paulo faz em Filipenses 3:13-14? Como podemos aplicá-las em nossa vida?

6. Já que não podemos ajustar a maioria das situações da vida para que satisfaçam nossos desejos, o que se pode fazer com relação a elas? O que podemos controlar?

7. Cite algumas situações frustrantes, irritantes, totalmente horríveis que você esteja enfrentando no relacio-

namento com outras pessoas e que façam parecer impossível manter uma atitude positiva?

a. Em casa:
b. Na rua:
c. No trabalho:
d. Na igreja:

8. De que maneira o fato de manter uma atitude positiva nessas situações pode fazer com que você seja uma pessoa mais amada e bem-sucedida?

9. Durante uma semana, procure encontrar várias oportunidades de dizer palavras positivas e encorajadoras àquela pessoa com quem você está tendo mais dificuldades de relacionamento. Avalie a atitude dela em relação a você depois dessa semana.

10. Quais são os fatores responsáveis pela ligeira vantagem que as pessoas de sucesso têm em relação aos seus contemporâneos, mesmo que estes sejam mais inteligentes e instruídos que eles? Agora descreva uma pessoa de sua família ou de seu círculo de amizades que demonstre as qualidades que acabou de citar.

11. As máximas, ou verdades resumidas, são como joias que brilham de forma multifacetada. Escreva três máximas que chamaram sua atenção na seção "Verdade da atitude nº 5".

1.
2.
3.

Agora as escreva em fichas pautadas, acrescente a situação de sua vida a que cada uma se aplica e carregue essas fichas sempre com você, de modo que possa lê-las a qualquer momento e se inspirar novamente. Se tiver acesso a um computador, faça cartazes.

12. Você conhece alguma pessoa "sem limite" em sua família, na igreja, na comunidade ou no trabalho? Analise o que dá a essa pessoa uma vantagem em relação às outras. Nunca é tarde para começar a ser uma pessoa "sem limites". Identifique a limitação que você impôs a si mesmo e, baseado em suas observações, imagine um modo de se libertar dessa limitação e tornar-se uma pessoa "sem limites".

13. Por que o fato de sermos cristãos não nos dá, automaticamente, uma boa atitude? Se Cristo está vivendo em nós por intermédio do Espírito Santo, quem é o responsável por nossas atitudes erradas?

Capítulo 4
É difícil voar alto como as águias quando se vive com os perus

1. Victor Frankl afirmou: "A última das liberdades humanas é escolher que atitude tomar em *qualquer* conjunto de circunstâncias." Você concorda com a afirmação? Por quê? Pode dar um exemplo?

2. Depois de ler a história do homem que cresceu com uma atitude negativa, reflita sobre qual a atitude que parece ter passado de geração em geração em sua família. Que decisão você precisa tomar?

3. Separe um tempo para preencher o quadro da página 45. De preferência, procure fazer isso naquele local para onde você sempre vai quando precisa de calma e sossego (sua cadeira predileta, um lugar no quintal ou no jardim, um parque ou uma praia). Peça ajuda a Deus para se lembrar das condições que você precisa reconhecer como formativas, e até mesmo destrutivas, e sobre as escolhas resultantes dessas condições.

Capítulo 5

Princípios fundamentais da construção da atitude

1. Quais as atitudes que você adquiriu na infância e que ainda ameaçam jogar por água abaixo todo o seu esforço para melhorar seu modo de encarar a vida? Se você teve uma infância cercada de atitudes positivas, que elementos desse estímulo constituem hoje o seu "motor" para a mudança?

2. Que mudança de atitude, positiva ou negativa, você identifica em si mesmo? E em seu cônjuge?

3. O próprio fato de você estar lendo este livro e fazendo as tarefas propostas neste guia de estudo por si só já proporciona um reforço positivo para as boas atitudes. Mas, para aumentar esse reforço, escreva qual de suas atitudes, especificamente, precisa de aprofundamento e estímulo. Cite um passo que você poderia dar imediatamente nesse sentido.

4. Em vez de se preocupar com os estímulos negativos, peça a Deus para ajudá-lo a perceber os reforços positivos fornecidos por pessoas importantes em sua vida. Se possível, mande um cartão de agradecimento a pelo menos uma dessas pessoas, ainda esta semana.

Capítulo 6
Materiais usados na construção de uma atitude

1. Se você preencheu a revisão na Aplicação das páginas 51-53, releia o que escreveu à luz das respostas que deu neste guia de estudo. Como já se passou algum tempo desde o preenchimento daquela avaliação, talvez algumas de suas respostas sejam diferentes agora.

2. Você identificou qual dos quatro temperamentos é mais parecido com o seu? Em caso afirmativo, qual das definições descreve melhor a sua atitude?

3. Cada um de nós passa uma parte da vida em um ambiente negativo. Para alguns, a vida doméstica é uma luta constante contra as atitudes negativas do cônjuge. Para outros, pode ser o ambiente do escritório ou um cliente irritante. Até mesmo o fato de passar muitas horas no trânsito entre o lar e o trabalho pode desencadear atitudes cada vez mais negativas. Descreva o ambiente mais negativo de sua vida, atualmente — e guarde essa informação na memória enquanto estiver lendo este livro.

4. Você já leu o que o autor escreveu sobre as experiências em que recebeu afirmação por parte dos adultos. Quais foram as suas? Agradeça a Deus por elas! Identifique como e quando você pode proporcionar a outros esse mesmo tipo de incentivo e estímulo — e anote as reações que obtiver.

5. Está bem claro que o autor tem uma autoimagem positiva. Ele menciona diversas maneiras de fazer com que uma pessoa se sinta bem em relação a si mesma. Mar-

que essas sugestões no livro e anote-as para guardá-las na memória.

6. Observe como o autor se sentiu bem por ajudar a filha a ter sucesso. A quem você poderia ajudar? Escreva um plano de ação, mesmo que seja incompleto.

7. O autor escreve: "Nós sempre temos várias oportunidades em mãos. Precisamos tomar a decisão de correr o risco e abraçá-las" (página 60). Quais são as oportunidades de sua vida que vão exigir que você corra riscos?

8. Um importante pastor que passou por uma crise emocional descobriu que tinha apenas um amigo que lhe dizia palavras edificantes e que o ajudavam a crescer, mais de duas dúzias que só faziam exigências e o deixavam esgotado, e vários que eram neutros. Quando retornou à atividade ministerial, tomou a decisão de aumentar o número de amigos que eram suficientemente seguros de si para fornecer estímulos positivos. Que tipo de estímulo seus amigos lhe dão? Você está precisando fazer novas amizades?

9. Às vezes, o ambiente do lar e as atitudes de nosso cônjuge e filhos são a fonte dos estímulos mais negativos que recebemos. Quando isso acontece, quais são os passos positivos que podemos tomar para superar o problema?

- Procurar um pastor ou conselheiro.
- Fazer um pacto de oração com um amigo íntimo.
- Começar uma campanha com o objetivo de dar estímulos positivos ao nosso cônjuge.
- Com amor e em um lugar neutro (um restaurante, parque ou praia), confrontar a parte responsável.

Capítulo 7

O pior erro que se pode cometer na construção de uma atitude

1. Dos rótulos que você lembra-se de ter recebido, qual foi o mais limitante ou o que representou o maior desafio na hora de tentar romper a barreira do "nível da seiva"?

2. Em que áreas de sua vida você não está conseguindo ultrapassar o nível da seiva com relação a:

   - esforço físico?
   - disciplina espiritual?
   - relacionamento familiar?
   - correr riscos no trabalho?

   Agora, escolha uma dessas áreas e estabeleça uma meta que possa ajudá-lo a ultrapassar a linha do estrato da seiva.

3. Descreva uma experiência do passado cujo resultado tenha sido tão traumático a ponto de você jamais ter se aventurado a tentar novamente. Agora, analise como você poderia vencer essa barreira dolorosa em um acontecimento futuro semelhante.

Capítulo 8

Mayday! Mayday!
Minha atitude está perdendo altitude

1. Quais são as três coisas que o autor aconselha o leitor a lembrar quando "a coisa fica preta"?

   1.
   2.
   3.

2. Está no meio de uma tempestade? Qual é o pensamento crucial que pode ajudá-lo a seguir em frente, segundo Gálatas 6:9?

3. Qual é o nosso "segundo fôlego", quando servimos ao Senhor, segundo Hebreus 12:1-3?

4. Você sente que uma tempestade repentina está se aproximando, em casa ou no trabalho? O que pode fazer para tentar impedir que ela aconteça? Aplique os seguintes critérios:

   a. Tenho a experiência necessária para enfrentar essa tempestade?
   b. Tenho o conhecimento necessário para navegar em meio a essa tempestade?
   c. Tenho tempo para me preparar?
   d. Tenho todas as informações necessárias para tomar uma boa decisão?
   e. Será que preciso orar mais para poder enfrentar a tempestade?

5. Como podemos saber se estamos em contato com a "torre de controle" ou não?

6. "O importante é o que nos afeta por dentro, e não por fora." Você concorda com essa afirmação? Por quê?

Capítulo 9
O desastre que vem de dentro

1. O autor apresenta uma lista de grandes fracassos na vida de pessoas que hoje consideramos heróis. Essa lista nos mostra que o fracasso não é necessariamente fatal.

    a. Descreva um fracasso ocorrido em sua vida que você pensou que fosse destruí-lo, mas não destruiu.
    b. Descreva uma experiência fracassada que acabou se mostrando benéfica porque o ajudou a dar um passo à frente.

2. Seja honesto consigo mesmo e identifique como o medo do fracasso em uma determinada área o está impedindo de progredir.

3. Comente esta afirmação do autor: "Aceitar o fracasso no sentido positivo é uma boa estratégia quando acreditamos que o direito de errar é tão importante quanto o direito de acertar" (página 79).

4. Que implicações a afirmação a seguir tem para você: "Enquanto não aceitarmos o fato de que o futuro da humanidade não depende das nossas decisões, seremos incapazes de esquecer os erros que cometemos no passado" (página 80).

5. De que modo a passagem de João 12:24-25 pode nos ajudar a vencer o medo do fracasso?

6. Quais são as quatro coisas que o desânimo faz conosco?

1.
2.
3.
4.

7. Pense em uma situação desanimadora que esteja ocorrendo em sua vida. Agora aplique os quatro passos que o autor recomenda, descrevendo como eles se encaixam na sua situação.

   a. Ação positiva:
   b. Pensamento positivo:
   c. Exemplo positivo:
   c. Persistência positiva:

8. Em que aspectos você se identifica com a luta que o apóstolo Paulo descreve em Romanos 7:15-25? Não tenha medo de ser honesto e sincero.

Capítulo 10

O desastre que vem de fora

1. Qual foi a crítica pessoal mais traumática que você já recebeu de alguém muito próximo? Se você ainda está sofrendo por causa daquela crítica, analise se ela foi justificada ou foi um caso em que se aplica o ditado "Quem desdenha quer comprar".

2. Agora avalie se aquela crítica foi, como no caso de Jesus:

   - Uma oportunidade de confortar.
   - Uma oportunidade de curar.
   - Uma oportunidade de superar.
   - Uma oportunidade de perdoar.

3. O que podemos aprender com o ensinamento de Jesus em Mateus 5:43-48, em relação ao modo como reagimos às críticas?

4. Cite o nome de um amigo cujas críticas são construtivas. Agora cite o nome de alguém que faz críticas destrutivas.

5. O que se entende do comentário de Robert Louis Stevenson: "Nunca vou deixar que uma fileira de frascos de remédio bloqueie meu horizonte" (página 95)? Cite três ou quatro "frascos de remédio" de sua vida que estão ameaçando desviar seus olhos da presença de Jesus e de suas provisões.

6. Qual "mudança" será possivelmente uma causa de desconforto:

- em casa?
- na igreja?
- no trabalho?
- em sua comunidade?

7. Analise essa mudança, baseado no comentário do autor: "Com a atitude certa, qualquer mudança, quer positiva, quer negativa, será um aprendizado que produzirá crescimento" (página 96). Qual poderia ser o componente de aprendizado nessa mudança? Qual poderia ser o componente de crescimento?

8. Hoje em dia, a mídia se concentra quase que exclusivamente em notícias negativas. Que influência isso pode ter em suas ideias a respeito do que Deus pode fazer no futuro? Apresente esses pensamentos diante do Senhor em oração para que sua mente seja renovada. Faça uma lista dos pensamentos negativos que costumam tomar conta de sua mente enquanto assiste ao noticiário da televisão ou depois de assisti-lo.

9. De que modo o pensamento negativo limita o nosso potencial? Se possível, responda em termos de uma situação específica de sua vida em casa, na igreja, na comunidade ou no trabalho.

10. Cite alguns "impossíveis" que você conseguiu alcançar ou viu outras pessoas conseguirem.

Capítulo 11

Para o alto e avante!

1. Quais são as boas notícias para os que estão reféns de suas atitudes negativas?

2. Que desculpas você, ou alguém que você ama, tem dado para suas atitudes ruins?

3. Escolha um amigo que possa orar com você e cobrar resultados de seus esforços para mudar uma atitude negativa.

Capítulo 12
A decisão é sua

Pronto para mudar de verdade? Este é o capítulo da ação. Porém, se você tem seguido com atenção as sugestões do guia de estudo, então já está bem adiantado. Neste capítulo, vamos nos concentrar em áreas cruciais, em vez de abordar cada um dos passos sugeridos pelo autor, embora o aconselhemos a seguir todos os passos do processo que ele apresenta.

1. Complete os Estágios de Avaliação.

   a. Identifique sentimentos problemáticos:
   b. Identifique comportamentos problemáticos:
   c. Identifique raciocínios problemáticos:
   d. Identifique raciocínios bíblicos:
   e. Firme um compromisso:
   f. Planeje e ponha em prática a escolha que fez:

2. Identifique o medo em sua vida. Pode ser medo do fracasso, medo de mudança, medo de críticas. Se você estiver em um grupo, discuta com os outros membros do grupo os medos que vocês têm em comum e que possam estar impedindo que ocorram mudanças, e dê exemplos. Depois de escrever esses medos, inicie a fórmula dos Quatro Passos para Lidar com o Medo.

3. Destaque as palavras ou expressões negativas das páginas 119-120 que você usa com maior frequência. Agora as escreva para começar a eliminá-las de seu vocabulário.

4. Quais são os três momentos em que as pessoas estão mais receptivas a uma mudança?

1.
2.
3.

5. Existe algum pecado, transgressão ou abuso que esteja acorrentando você ao passado? Leia Salmos 51 e sublinhe as verdades fundamentais que tiverem mais significado para você. Escreva o que pretende fazer a respeito.

6. Compare seu modo de pensar com Filipenses 4:8. Escreva qual a área que precisará de maior atenção, se você quiser mudar seu padrão de pensamento.

7. Quais são seus hábitos mais característicos? Se você se encaixa na progressão dos "Maus Hábitos", siga os passos apresentados na página 126 para tratar de um mau hábito de cada vez.

8. Se você identificou mais cedo uma atitude negativa e já começou o processo de mudança, em qual estágio você está (veja as páginas 127-128)? Se está no Estágio Final, descreva como fará para não recair nos maus hábitos novamente.

Capítulo 13

As oportunidades estão à sua volta

1. Você acha que as qualificações exigidas de um amigo estão fora da realidade? É possível ser um amigo de verdade sem ter todas essas qualificações?

2. A observação a seguir é verdadeira ou falsa: "Ao aconselhar casais que estão com problemas no casamento, tenho observado que muitas vezes os amigos deles também estão com problemas conjugais" (página 131)? Por quê?

3. Uma das coisas mais difíceis que uma pessoa precisa fazer é admitir que precisa de um modelo, identificar esse modelo e pedir para ser discipulada por ele. Entretanto, os homens e mulheres que se submetem a essa disciplina podem fazer progressos tremendos. Se você é um jovem adulto, não tenha medo de pedir a uma pessoa mais velha que se encontre com você regularmente para fazer o seu discipulado. Ele ou ela terá prazer de ajudar. Escreva as qualidades que você está buscando em um modelo que possa auxiliá-lo a mudar uma determinada atitude.

4. Identifique uma recente experiência de fracasso. Agora, baseando-se no exemplo do garoto que perdeu uma das mãos (página 134), veja o que essa experiência deixou de positivo.

5. Como podemos nos expor a experiências de sucesso? Não se limite a seu círculo de amigos mais próximos! Um pastor que estava assumindo um trabalho em uma

grande igreja da periferia visitou cinco pastores que presidiam grandes e bem-sucedidas igrejas na cidade. Ele passou um fim de semana com cada um deles antes de iniciar seu novo ministério e procurou aprender lições de sucesso com eles. Não admira que ele tenha aprendido e mudado. Então, escolha seus "vencedores". Faça uma lista com seus nomes e depois procure aprender com suas experiências de sucesso.

Capítulo 14

O Deus que está acima de nós

1. Por que limitamos a ação de Deus quando pensamos em mudar alguma coisa em nossa vida?

2. Descreva o modo como você se sente durante a leitura das duas afirmações contidas nos dois Pilares. Você é capaz de repeti-las sem sentir nenhuma dúvida?

3. Resuma para si mesmo os motivos pelos quais você deveria ser capaz de dizer as seguintes frases com confiança:

    a. "Sou realmente importante."
    b. "Estou realmente seguro."

4. O autor fornece passagens da Escritura tranquilizadoras, mas as que você descobre por si mesmo têm um valor ainda maior. Usando uma concordância bíblica, procure a palavra *poder* nas cartas de Paulo. Destaque esses versículos em sua Bíblia. Copie-os em fichas pautadas para lembrá-lo de que você tem acesso ao poder de Cristo.

5. Se a oração é tão importante para a mudança, o que ela faz por você que é assim tão singular?

6. Como podemos receber o poder do Espírito Santo, já que ele é o verdadeiro Agente de Mudança?

Este livro foi impresso em 2019,
pela Edigráfica, para a Thomas Nelson Brasil.
A fonte usada no miolo é Iowan Old Style, corpo 10,5/14,5.
O papel do miolo é Avena 80g/m², e o da capa é cartão 250g/m².